Der helfende Mensch und das Menschenbild der Gegenwart

Mit einer Kurzbiographie E. Schicks
von Edgar Schmid

BRUNNEN VERLAG · GIESSEN UND BASEL

Bücher, die dieses Zeichen tragen, wollen die Botschaft von Jesus Christus in unserer Zeit glaubhaft bezeugen.

Das ABCteam-Programm umfaßt:

ABCteam-Taschenbücher
ABCteam-Paperbacks mit den Sonderreihen:
- Glauben und Denken (G + D) und Werkbücher (W)
- ABCteam-Jugendbücher (J)
- ABCteam-Geschenkbände

ABCteam-Bücher erscheinen in folgenden Verlagen:
Aussaat Verlag Wuppertal/R. Brockhaus Verlag Wuppertal
Brunnen Verlag Gießen/Bundes Verlag Witten
Christliches Verlagshaus Stuttgart/Oncken Verlag Wuppertal
Schriftenmissions-Verlag Gladbeck

ABCteam-Bücher kann jede Buchhandlung besorgen.

2., neu bearbeitete Auflage

Umschlag: Litera, Wiesbaden

Satz: IBV Lichtsatz KG, Berlin
Druck: St.-Johannis-Druckerei, Lahr
ISBN 3 7655 2206 6

Inhalt

Wer war Erich Schick?

Erich Schick wurde am 23. April 1897 in Ruppertshofen, einem kleinen Dorf im Welzheimer Wald, als erstes Kind des Pfarrers Friedrich Schick und seiner Frau Maria, geb. Weinheimer, geboren. Schon im folgenden Jahr übernahm der Vater die Pfarrei in Unterböhringen am Rand der Schwäbischen Alb. In diesem Dorf erlebte der Junge, der noch zwei jüngere Geschwister – Johanna und Friedrich – hatte, was sein Bruder mit den Worten bezeugt: „Die seelsorgerliche Treue des Vaters schuf eine besondere Atmosphäre des Vertrauens zwischen Pfarrhaus und Gemeinde."

Wohl aus früher Todesahnung heraus nahm sich der Vater besonders seines Ältesten an, so daß dieser mit sechs Jahren schon in die dritte Volksschulklasse aufgenommen werden konnte. Bald kam schweres Leid über die Familie. Als Erich Schick acht Jahre alt war, erkrankte sein Vater und starb nach monatelangem schweren Leiden.

Nach dem Tod des Vaters zog die Mutter mit den Kindern nach Korntal bei Stuttgart. Dort besuchte Erich die Lateinschule (1907–1911). Die Korntaler Zeit – Korntal war damals noch sehr durch die Brüdergemeine geprägt und hatte noch keine Industrie – prägte Erich Schick in besonderer Weise und schuf wesentliche Voraussetzungen für seine innere Entwicklung. In der Lateinschule wurde der Schüler dazu erzogen, Grundordnungen des Zusammenlebens zu verstehen und zu befolgen: Wahrhaftigkeit, Pünktlichkeit und Zuverlässigkeit, Treue und Fleiß. Dazu kam die für einen Christen unentbehrliche Ehrfurcht vor der Bibel.

In Korntal wurde er durch geistlich profilierte Persönlichkeiten besonders geprägt. So übte Pfarrer Paul Heim, der ältere Bruder des bekannten Theologieprofessors Karl Heim, einen starken Einfluß auf ihn aus. Gelegentliche Bemerkungen deuten darauf hin, daß Erich Schick diesen Seelsorger oft in seinem Amtszimmer aufgesucht hat. Was Paul Heim für ihn bedeutete, können wir in etwa erahnen, wenn Karl Heim nach dem Heimgang seines Bruders bezeugte: Mit dem Bruder verglichen sei er, Karl Heim, „nur eine geringe Gestalt".

Die andere Persönlichkeit, der Erich Schick in Korntal nahestand, war der betagte Missionar Johannes Hesse, der Vater des Dichters Hermann Hesse. Der alte Missionar – 50 Jahre älter als Erich Schick – verstand es, dem Jungen den Zugang zur weiten Welt der Mission zu eröffnen; und Erich Schick leistete ihm mit seiner ausgesprochen schönen Handschrift gute Sekretärsdienste.

Nach bestandenem württembergischen Landexamen begann Erich Schick die Ausbildung im Evangelischen theologischen Seminar in Maulbronn. Dort lehrte damals Eberhard Nestle. Sein Sohn Erwin, der später die bedeutsame Arbeit seines Vaters an der Textgestalt des griechischen Neuen Testaments fortsetzte, war zur gleichen Zeit Repetent an diesem Seminar. Zwei Jahre später ging Erich, wie es üblich war, an das obere Seminar nach Blaubeuren.

Aus jener Zeit sei ein Erlebnis festgehalten, das bestätigt, wie sich Erichs feines Gefühl für das Edle und Echte und seine geistliche Gesinnung entfaltete und vertiefte. Einer seiner besten Freunde, Alfred Gönnenwein, der im ersten Weltkrieg fiel und dessen Tod Erich sehr zu Herzen ging, erzählt, wie er und Erich eine Zeitlang zu den fünf oder sechs Seminaristen gehörten, die in der Schule um den ersten Platz kämpften. Da habe ihm Erich einmal gesagt: „Hör einmal, was soll denn dieser ewige Konkurrenzkampf und was ist denn schließlich gewonnen, wenn einer von uns wieder einmal Primus geworden ist? Wir trainieren da unseren Intellekt, und die tieferen Gemütswerte kommen einfach zu kurz. Wollen wir nicht einmal miteinander in die Tiefe gehen? Wenn wir auch ein paar Plätze hinunterrutschen und den andern die Krone überlassen: der Gewinn ist doch unbestreitbar größer."

Nach bestandenem Abitur im Frühjahr 1915 mußte Erich Schick als Artillerist an die Front in Frankreich. Das Kriegserleben war für Erich Schick sehr einschneidend. Er litt schwer unter der Wirklichkeit des Krieges, unter dessen verheerenden Wirkungen. Der junge Soldat erlebte im Sommer 1916 das Trommelfeuer an der Somme. Die schwerste Prüfung durchstand er – wie sein Bruder bezeugt – „durch eine Verschüttung, die ihn ungefähr eine Stunde Auge in Auge mit dem Tod stellte, und die seinem Nervensystem für Lebenszeit einen nie wieder zu heilenden Schaden zufügte". In jenen Jahren wurden ihm die Schriften Sören Kierkegaards – wie er sich selbst ausdrückte – „wie ein Labetrank an den Fieberkranken, wie ein starker Wohlgeruch für den Ohnmächtigen, wie ein fernes Licht für den einsamen Wanderer".

Die leidvollen Kriegserfahrungen und der damit verbundene Nervenzusammenbruch haben Erich Schick für sein weiteres Leben gezeichnet. Hier wurde ihm Christus zu der Wirklichkeit seines Lebens wie auch seines geistlichen und theologischen Wirkens. Seit jener Zeit mußte er sich des öfteren für Stunden und ganze Tage zurückziehen und Bettruhe halten. Von dieser dunklen Leidensseite hebt sich aber um so heller die Fähigkeit ab, im Kreis der Freunde fröhlich zu sein, heitere Erlebnisse zu erzählen und in ein unbeschwertes, herzliches Lachen miteinzustimmen.

Nach Kriegsende trat Erich Schick ins Evangelische theologische Stift in Tübingen ein, um Theologie zu studieren. Doch sein aus dem Kriege mitgebrachtes Kopfleiden zwang ihn, einen eigenen Weg zu gehen. Er konnte nicht immer bloß denkend aufnehmen. Der Oberkirchenrat hatte dafür Verständnis und ließ ihn in verschiedenen Dörfern Aushilfsdienste tun. Dort hatte er Gelegenheit, noch neben seinem Dienst theologische Studien zu treiben. Prof. Wurster sagte einmal: „Er arbeitet in einer einzigen Stunde soviel wie andere an einem ganzen Tag." Vor seiner ersten Predigt in Oberurbach schrieb er seiner Mutter, was wohl als ein bezeichnendes Wort für seinen Lebensweg und geistlichen Dienst verstanden werden darf: „Ich freue mich darauf mit Zittern."

Im Herbst 1920 setzte Erich Schick in Tübingen das Studium fort und begegnete dort Karl Heim, der eben seine Lehrtätigkeit aufgenommen hatte. Die Begegnung mit diesem begnadeten Lehrer bedeutete für den jungen Studenten eine „Sternstunde" seines Lebens. Er lernte eine lautere Denkarbeit, die – erleuchtet vom Heiligen Geist – dem Gott die Ehre gab, der sich in Jesus Christus als der liebende Vater offenbart hat. Durch zwei Semester hat der junge Student mit seinem Lehrer Gespräche geführt, die ihn für seinen seelsorgerlichen Lebensdienst ausrüsteten.

Im sechsten Semester unterbrach er das Studium erneut und tat Vikarsdienst in Unterböhringen. In diesen Zeiten des praktischen Dienstes vertiefte er sich in die Schriften württembergischer Väter, vor allem in die Schriften Bengels und Oetingers, nicht ahnend, daß er selbst einmal zu ihnen gezählt würde! Er machte sich auch mit den bedeutenden Mystikern und Theosophen vertraut – ein Beispiel für die große Spannweite seines Geistes. Daß Erich Schick jedem ernsten Forscher und Denker sein volles Recht eingeräumt hat, dafür ist sein Schrifttum mit den unendlich vielen Zitaten aus verschiedensten Bereichen ein deutlicher Beweis.

1922 legte er das erste theologische Examen ab, das er gut bestand. Nach praktischen Diensten in verschiedenen Gemeinden, darunter ein Jahr als Religionslehrer am Lehrerseminar in Künzelsau, berief ihn der Oberkirchenrat als Repetent nach Blaubeuren. Dort wurde ihm bewußt, daß er zum Lehren berufen war.

Nach seiner zweiten Dienstprüfung wurde ihm durch ein Stipendium eine Auslandsreise ermöglicht. Diese führte ihn zuerst nach Kopenhagen, wollte er doch die Stätten sehen, an denen Sören Kierkegaard gelebt hatte. Dann fuhr er nach

Spanien, um das Evangelisationswerk Fliedners kennenzulernen, und übernahm in Madrid stellvertretend für den dortigen erholungsbedürftigen deutschen Pfarrer einige Monate den Dienst an der deutschen und schweizerischen Gemeinde. Sein Blick wurde noch mehr geweitet, seine pastorale Erfahrung ungemein bereichert, und seine Liebe zu denen, die auf einsamem Posten für ihren Glauben kämpfen und leiden, konnte in dieser Diasporagemeinde neue Nahrung finden.

Überzeugt davon, daß er noch mehr Zeit für innere Sammlung brauche, wählte er nach seiner Rückkehr in die württembergische Heimat 1928 die entlegene Pfarrstelle in Bickelsberg-Brittheim im Welzheimer Wald. Obwohl ihm bewußt war, daß er noch zu anderen Aufgaben berufen war, schien ihm die seelsorgerliche Aufgabe an der Landbevölkerung zu groß, als daß er diesen Dienst als etwas Kleines und Unbedeutendes aufgefaßt hätte. Schon von seiner Vikariatszeit her wußte er, was für eine gewaltige Täuschung in der weitverbreiteten Meinung lag, auf dem Lande gebe es keine ernsthaften Probleme zu bewältigen.

Im Jahre 1931 wurde er als theologischer Lehrer an das Seminar der Basler Mission in Basel berufen. Dort fand er bei seiner Arbeit als Schriftleiter des „Evangelischen Missions-Magazins“ in der Sekretärin Dora Schultze, der Tochter des damals bereits heimgegangenen Riehener Diakonissenhauspfarrers, seine Lebensgefährtin. Als verständnisvolle und treue Gehilfin trug sie viel dazu bei, daß sein reiches geistliches Schaffen den ihm gemäßen literarischen Niederschlag fand. Die 1932 geschlossene Ehe blieb kinderlos.

Mit der Machtergreifung der Nationalsozialisten im Januar 1933 begann für Erich Schick eine Zeit tiefer Leiden. In diesen Jahren begann seine öffentliche Wirksamkeit als Schriftsteller. In rascher Folge erschien eine Schrift nach der anderen, stets unter dem unmittelbaren Eindruck, daß „die Nacht kommt, da niemand wirken kann“. Er gehörte zu denen, die deutlich das Böse erkannten und als solches beim Namen nannten. Am Tage der Machtübernahme durch Adolf Hitler bezeichnete Erich Schick das Geschehen klar und scharf als einen „Sieg der Dämonen“ und sagte prophetisch die Folgen für Deutschland und ganz Europa voraus. Das Bezeichnende für ihn ist nicht nur sein sorgfältiges Erforschen geistesgeschichtlicher Zusammenhänge, sondern auch der Geist, in dem er das tat. Der damalige Direktor der Basler Mission, Karl Hartenstein, soll über Erich Schick einmal zu einem Gast gesagt haben: „Er ist ein Pneumatikos“ (d. h. ein Mann des Heiligen Geistes).

Es war ihm gegeben, sehr verschiedene Charismatiker, wie z. B. Nikolaus Ludwig Graf von Zinzendorf und Gerhard Tersteegen, mit gleicher Liebe zu erfassen und dem Leser unserer Zeit verständlich zu machen, ohne selbst irgendwelche Kompromisse zu schließen.

Es gehörte zu seinen gottgegebenen Eigenschaften, daß er dankbar zu der „Wolke von Zeugen“ aufblickte, die uns seit den Tagen der biblischen Erzväter umgibt. Sein Verbundensein mit den Gotteskindern und den Auslegern der Christusoffenbarung früherer Epochen hinderten Erich Schick aber nicht daran, mit beiden Füßen in der Gegenwart mit ihren mannigfachen Problemen zu stehen. Er vertrat aufgrund seiner Lebensführung das Segenserbe des Pietismus, in dem er wie selten jemand lebte.

In dieser Haltung hat Erich Schick seinerzeit auch Karl Barth gegenüber eine Lanze für den Pietismus gebrochen. Seine Schrift „Die Botschaft des Pietismus in den theologischen Kämpfen der Gegenwart“ (1938) hat ihm, wie er selber berichtet, „die schwersten persönlichen und theologischen Vorwürfe eingetragen“. Im Vorwort zur zweiten Auflage schrieb er: „Zwar muß ich auch nach wiederholter und ernster Prüfung daran festhalten, daß ich nicht aus Freude am Kampf oder gar am Wehtun geschrieben habe, sondern aus einer – nicht nur von mir allein, sondern auch von anderen – tiefempfundenen Not heraus.“ Daß seine

Ausführungen nicht ohne Einfluß auf den Meister der dialektischen Theologie geblieben sind, kann jeder in den letzten Dogmatikbänden von Karl Barth feststellen (z. B. Kirchl. Dogmatik IV., 2, Seite 905).

Erich Schick stand auf dem Felsengrund der ganzen Heiligen Schrift, aber nicht im Sinne eines falschen und gesetzlichen Biblizismus. Seine wissenschaftlich fundierte Theologie war allezeit Zeugnis und Seelsorge zugleich.

Von den rund 70 Schriften, die zuerst im Furche-Verlag, dann im Heinrich Majer-Verlag erschienen, sei zuerst auf seine Veröffentlichungen zur Seelsorge hingewiesen: „Seelsorge an der eigenen Seele" – „Der Christ als Seelsorger" – „Geistesleitung". Da er aus dem Umgang mit der „Wolke von Zeugen" lebte und im Blick auf sie die Kirchengeschichte durchforschte, beschrieb er manches Lebensbild von Christuszeugen. Er schöpfte aber auch besonders aus dem Reichtum des evangelischen Kirchenliedes. Wie viele Lieder legte er aus und zog ihren geistlichen Reichtum zur Seelsorge heran!

Nicht vergessen dürfen wir die Schrift „Ihr Ende schauet an – Zeugnisse christlichen Sterbens". Im Bemühen um die Erkenntnis, daß christlicher Dienst sich nicht in Worten erschöpfen darf, sondern von der Tat der Liebe begleitet sein muß, schrieb er das Buch: „Begegnungen mit dem Vorbild". Wie sein Blick durch alles Sichtbare hindurchsah und das Wirken höherer Führung erspürte, davon legt das Buch „Boten des Unsichtbaren – Von der Führung durch verborgene Erlebnisse" Zeugnis ab. Es sei noch auf das einzigartige Buch „Die Botschaft der Engel im Neuen Testament" hingewiesen, in dem er den Dienst der Engel in zweifacher Weise beschreibt: als Liturgia (Dienst für Gott, vor allem im Gebet) und als Diakonia (Dienst für Menschen). Ihr Dienst ist zugleich Vorbild für uns Christen.

Die beiden Hauptwerke sind jedoch „Heiliger Dienst – ein Buch von evangelischer Wortverkündigung und Seelsorge" und „Der Christ im Leiden". Das erstere zeugt nicht nur von erstaunlicher Belesenheit, sondern auch von einem in der Theologie seltenen Verständnis für die letzten Tiefen der Christusoffenbarung. Das andere Buch mit dem Untertitel „Ein Buch evangelischen Trostes“ will in seinen 52 Kapiteln, die packende Überschriften haben, deutlich machen, daß nur eine Reifung durch eigenes Leiden den göttlichen Reichtum erschließt. Hier spricht einer, der als Leidender selbst immer wieder erfahren hat, wie Gottes Treue trösten kann. Denn helfen kann nur einer, der selbst gelitten und Hilfe erfahren hat. Der *eine*, der diese Freude der Erlösung, der Gewißheit des ewigen Lebens und der Geborgenheit in Gottes Liebe schenkt, Jesus Christus, ist stets der Inhalt des Lebens und Wirkens von Erich Schick gewesen. Dabei wurde er besonders zum Seelsorger für Leidende.

Erich Schicks literarische Wirksamkeit wurde durch die Evangelische Theologische Fakultät der Universität Tübingen 1953 mit der Verleihung des theologischen Ehrendoktors gewürdigt. Damit fand seine ausgedehnte wissenschaftlich-literarische Lebensarbeit ihre akademische Anerkennung.

In steigendem Maß litt Erich Schick unter den theologischen und kirchlichen Entwicklungen. Er gab dieser Sorge mit dem ganzen Einsatz seiner Persönlichkeit Ausdruck, ohne die Gegnerschaft Andersdenkender zu scheuen. Er hatte Zivilcourage genug, allein zu stehen.

Im Frühjahr 1959 schied Erich Schick aus dem Dienst der Basler Mission aus, nachdem die Basler Mission wie auch andere Werke der Deutschen Christentumsgesellschaft mehr und mehr in die Kirche eingegliedert wurden. Das Komitee der Pilgermission St. Chrischona trat mit der Bitte an Erich Schick heran, einen Lehrauftrag an ihrem Prediger- und Missionsseminar zu übernehmen. Mit großer Freude nahm er diese Berufung an und lehrte bis zum Frühjahr 1965 Ethik, Dogmatik, Psychologie und Missionsgeschichte. Dem Komitee der Pilgermission St. Chrischona stellte er sich in den Jahren 1959–1966 zur Verfügung. Im

Unterricht forderte Erich Schick intensive Mitarbeit und im Blick auf die Lebensordnung und -führung Konsequenz und Disziplin. Manch einer empfand dies erst als hart und schroff, verstand aber dann den Lehrer, der nicht müde wurde, auf die Bedeutung des Vorbildes für einen künftigen Reichgottesarbeiter hinzuweisen.

In den ersten Jahren der Lehrtätigkeit auf St. Chrischona hielt Erich Schick öfters Vorträge in Gemeinden. Diese waren – wie ich es in meiner Gemeinde selbst erlebte – im wesentlichen „seelsorgerliche Seminare“. Seine Vorträge halfen, die Aussagen der Bibel in ihrem ganzen Lebenszusammenhang zu erfassen, die Seele des Menschen, seine Nöte und Probleme aus biblischer Sicht zu verstehen und die Zeitgeschichte im Licht der Ewigkeit zu erkennen. Auch alle seine schriftlichen Veröffentlichungen waren vom Bemühen gekennzeichnet, daß die Christen den Veränderungen der Zeit, hinter denen Erich Schick Geistes- und Geisterkämpfe von unerhörten Ausmaßen sah, nicht nur als Zuschauer gegenüberstehen, sondern allenthalben beteiligt sind als Mitwirkende, Mitschuldige, Mitbetroffene und Mitleidende. Sie müssen Maßstäbe finden, die nicht wechseln, Werte erkennen „jenseits der rasch aufeinander folgenden Inflationen und Deflationen“.

Um einen Standort zu gewinnen, der eine Beurteilung ermöglicht (diese Beurteilung ist aber immer zugleich Selbstbeurteilung!), ist eine vertiefte Bibelkenntnis, gesunde Menschenkenntnis und eine kritische Weltkenntnis nötig. Dies alles ist die Frucht einer wahren Erkenntnis Gottes in Jesus Christus. Eindrücklich bleibt mir in Erinnerung, wie ein Akademiker, der äußerst kritisch zu den Vorträgen kam und ideologisch feste Positionen bezogen hatte, nach einer Aussprache mit Erich Schick freudig bezeugte: „Er hat mir die Sicht freigegeben für größere Horizonte!“ Unvergeßlich bleibt mir, wie Erich Schick nach einem Vortrag über „Des Christen Freude im Leiden“ sich in unserem Wohnzimmer an das Klavier setzte und Choräle spielte, unter anderem den Choral: „Jesu, meine Freude…"

Etwa drei Jahre vor seinem Heimgang trat Erich Schick aus der Landeskirche aus. Das war ein Zeichen seiner entschiedenen Haltung. Er konnte es nicht länger ertragen, daß die Kirche die verschiedenen einander sich ausschließenden Lehren duldete und sich nicht aufraffte, auf einen klaren geistlichen Kurs zu dringen.

1963 starb seine Frau, die ihm eine äußerst geschickte und mitfühlende Gehilfin und Mitarbeiterin war. Sie begleitete ihren Mann oft auf den Vortragsreisen und nahm die meisten seiner Vorlesungen im Seminar auf St. Chrischona im Stenogramm auf. Die Schwester seiner Frau, Diakonisse Clara Schultze, führte ihm den Haushalt bis zu seinem Lebensende. Erich Schick starb am 20. Januar 1966. Am Vortag seines Heimgangs bezeugte er: „Ich bin der Vergebung und des Friedens gewiß. Ich habe es ganz deutlich gespürt, wie der Friede in mein Herz ausgegossen wurde. Ich habe das Wort erlebt: der Friede Gottes, welcher höher ist als alle Vernunft." Und am letzten Tag soll er nochmals ausgesprochen haben: „Der Friede Gottes ist die Hauptsache."

Eine Beurteilung Erich Schicks ist nicht leicht. Das Pathos, die dramatische Gebärde entsprachen nicht seinem Wesen. Glanzvolle Effekte waren ihm keine Versuchung, und emotionellen Wirkungen wich er aus. Das Entscheidende im Leben und Wirken Erich Schicks steht fest: Er war einer der gewichtigsten Führer in Fragen der Seelsorge. Durch seine geistliche Schrifterkenntnis, die jeder Art intellektualisierender Theologen überlegen war, wurde er zum Hirten der Gemeinde Jesu Christi. Heinrich Gelzer, Rektor des Basler Missionsseminars, urteilte anläßlich seines 65. Geburtstages über Erich Schick: „Das Wesentliche in der Persönlichkeit dieses großen Theologen ist dies, daß er alle seine Kräfte, seine hohe Begabung und Bildung in den Dienst des Reiches Gottes stellte." Nie beschwor er die Massen, sondern sprach den einzelnen an und führte hin zum Denken, zum eigenen Urteil, zum verantwortlichen, überlegten, dem Wort der Heiligen Schrift entsprechenden Handeln.

Sein Leben und Geheimnis war, das Wort Gottes so auszusprechen, daß Menschen dadurch verändert und erneuert wurden.

Es wäre für die christliche Gemeinde ein großer Gewinn, wenn die Bücher und Schriften von Erich Schick, diesem Original Gottes, in ihrer Bedeutung erkannt, gelesen und verarbeitet würden. Sie bewahren davor, in den geistigen Schlaf des Gewohnten zurückzusinken, und erwecken vom Schlaf; sie geben Anstöße und ermutigen, wahre Friedensstifter zu werden und das Leben einzusetzen, um Menschen unter die Herrschaft Jesu Christi zu bringen.

Direktor Edgar Schmid
Prediger- und Missionsseminar
St. Chrischona

Der helfende Mensch

1. Die Aufgabe

Wir wissen alle, daß hinter den äußeren Ereignissen, Veränderungen, Katastrophen, welche die Gegenwart kennzeichnen, tiefe jenseitige Vorgänge stehen, Geistes- und Geisterkämpfe von unerhörten Ausmaßen. Jene äußerlich sichtbaren Geschehnisse und diese inneren Kämpfe begegnen einander in der Veränderung des Menschenbildes, ja des Menschenwesens.

Darum ist es um der uns zugeordneten Lebens- und Menschheitsaufgabe willen nötig, daß wir Klarheit bekommen über das Wesen dieser Veränderung. Aber es ist zugleich schwierig, diese Klarheit zu gewinnen und die hier in Frage stehenden Vorgänge ins Bewußtsein zu heben, weil wir ihnen ja nicht in erster Linie als Zuschauer gegenüberstehen, sondern vor allem als Mitwirkende, Mitschuldige, Mitbetroffene und Mitleidende daran beteiligt sind.

Und doch müssen wir soweit irgend möglich einen Standort einnehmen, der eine Beurteilung erlaubt, wobei wir uns freilich allezeit vergegenwärtigen müssen, daß solche Beurteilung immer zugleich Selbstbeurteilung ist. Wir müssen Maßstäbe finden, die nicht wechseln, Werte erkennen jenseits der rasch aufeinander folgenden Inflationen und Deflationen.

Vor allem aber sind wir als Christen verpflichtet und gewürdigt, uns noch in einer anderen Haltung als die der bloßen Beobachtung und des beständigen Mitverhaftetseins um jenen Standort und jene Maßstäbe zu mühen. Es ist die Haltung des Helfens. Auch der helfende Mensch als Typus ist in dem allgemeinen Erdrutsch irdischer Gegebenheiten, dessen Zeugen wir sind, bedroht von der Verdächtigung, vom Spott, vom Haß, von der Vernichtung.

Aber bei allen Entartungen gehört es auch zu den unverlierbaren Zügen des Menschenwesens, daß es nach dem helfenden Menschen ausschaut. Darum wenden wir uns in einigen beispielhaften Erwägungen dem Bild des helfenden Menschen und in seinem Zeichen auch gewissen Zügen des heute geschehenden Gestaltwandels des Menschenbildes zu.

2. Ananias als meditatives Leitbild

Wir wagen uns an unsere Aufgabe, indem wir an dem Grundsatz festhalten, daß alles diskursive, zerlegende, analysierende Denken nur dann bestehen kann, nur dann fruchtbar ist, nur dann nicht uns selbst zerstört, wenn es gleichsam umschlossen ist von einer Haltung der positiven Einstellung, der Gesamtschau, der Ehrfurcht und des Lernens.

Mag auch sprachgeschichtlich der Zusammenhang des Wortes „Meditation" mit dem lateinischen Wort „mederi" = „heilen" fraglich sein, so ist doch der sachliche Zusammenhang offenkundig. Immer erweist sich das meditative Denken auch als das heilende, das heilsame Denken. Dem analysierenden Denken wird damit seine Aufgabe nicht abgesprochen; vielmehr wird es von hier aus erst in sein Recht eingesetzt und zu seinem Dienst befähigt, so wie das scharfe Skalpell des Arztes dadurch geweiht ist, daß es das heilende Messer ist.

So richten wir zu Anfang unserer Erwägungen den Blick auf eine Gestalt des Neuen Testaments, die wir als *Vor-bild* – das Wort im tiefsten und umfassendsten Sinn genommen – des helfenden Menschen betrachten können. Es ist Ananias, jener Jünger, der auf Geheiß des auferstandenen Herrn dem eben bekehrten Verfolger Saulus das Licht der Erkenntnis und die helfende Kraft vermitteln durfte. Wohl wird seine Gestalt vor dem gewaltigen Licht, das im Mittelpunkt des ganzen wunderbaren Damaskus-Geschehens aufstrahlt, leicht vergessen; und doch darf sie von uns niemals vergessen werden.

In unserem Zusammenhang dient uns die Gestalt des Ananias nicht als Gegenstand einer biblischen Studie – dies wäre eine Aufgabe für sich –, sondern sie soll uns vielmehr „meditatives Leitbild" sein. Durch alle unsere Erwägungen soll uns ein Gesamteindruck leiten, besonders am Anfang; denn aller Anfang ist nicht nur schwer, sondern auch entscheidend.

Darum vergegenwärtigen wir uns aus Apostelgeschichte 9 vor allem die Verse 10 und 17: „Es war aber ein Jünger zu Damaskus mit Namen Ananias; zu dem sprach der Herr in einem Gesicht: Ananias! Und er sprach: Hier bin ich, Herr... Und Ananias ging hin und kam in das Haus und legte die Hände auf ihn und sprach: Lieber Bruder Saul, der Herr hat mich gesandt, Jesus, der dir erschienen ist auf dem Wege, da du herkamst; du sollst wieder sehend und mit dem Heiligen Geist erfüllt werden."

„Größer als der Helfer ist die Not ja nicht", singen wir in einem Lied. Der Helfer, das ist der erhöhte Herr, gekreuzigt, niedergefahren, auferstanden – alles uns zugut. Aber zur Größe seiner Barmherzigkeit, zur Größe seines Helfens gehört auch, daß er sich helfender Menschen bedient. Das wunderbare Geschehen, bei dem er selber in Damaskus seinem Apostel erscheint, steht zwischen zwei Begegnungen mit helfenden Menschen, die besonders diesem zum Apostel Berufenen geschenkt wurden. Die eine ist die mit Stephanus, über die wir nur einiges aus den wenigen Worten ahnen können, die Stephanus mit Saulus in Zusammenhang bringen. Die andere Begegnung soll uns hier beschäftigen; von ihr wissen wir viel mehr Einzelheiten.

Ananias wird gesandt; der himmlische Helfer sendet den

helfenden Menschen. Es gehört für Ananias Mut dazu, diese Sendung anzunehmen. Um diesen Mut zu beschreiben, dürfen wir sicher ein arabisches Sprichwort mit christlichem Sinn füllen: „Der Mut des Gesandten ist im Auge des Sendenden." Der Gesandte blickt auf den Sehenden und hört auf ihn. Er ist – wie wir so bezeichnend sagen – „ganz Auge und Ohr". In welchem Sinn dies auf den helfenden Menschen zutrifft, darüber wird noch nachzudenken sein.

Auch wollen wir uns hier noch an eine andere Redewendung unserer Sprache erinnern. Wenn wir etwas als ernsthaft bezeichnen, pflegen wir zu sagen: „Es hat Hand und Fuß." Wir wollen damit sagen: Es ist menschenähnlich und menschenwürdig. Unsere menschliche Gestalt ist ja wesentlich dadurch gekennzeichnet, daß sie Hand und Fuß hat. Umgekehrt prägen Hand und Fuß das Wesen des Menschen, denn beide Glieder sind auch Ausdrucksorgane im höchsten Sinn. Der helfende Mensch stellt Hand und Fuß in den Dienst des einen großen Helfers. Auch hierin ist Ananias das große Vorbild.

Und dann tritt zu Auge und Ohr, den Eingangstoren in unser Seelenleben, und zu den Gliedmaßen unseres Leibes, Hand und Fuß, was uns am unmittelbarsten in das Schöpfungsgeheimnis hineinführt: das Wort. Dem helfenden Menschen Ananias ist jenes Wort verliehen, das im tiefsten Sinn Machtwort ist. In einem allgemeinen Sinn ist ja jedes Wort Machtwort und will es sein. Aber erst im Dienst des großen Helfers, im Munde des wahrhaft helfenden Menschen wird das gesprochene Wort zum Machtwort, zum Segenswort, zum verwandelnden und heilenden Wort.

„Ananias ging hin und kam in das Haus." Wenn ein Mensch in ein Haus tritt, geschieht ein Doppeltes: Das Haus mit seiner „Atmosphäre" wirkt auf den Eintretenden ein. Aber auch das Umgekehrte geschieht: Das geistige Wesen des Kommenden wirkt auf den Menschen, der im Hause ist; in gewissem Sinne wirkt es auch auf das Haus ein. Die Bedrohung für den Kommenden geht von der Atmosphäre aus, die auf ihn einströmt; sein Adel aber und sein Auftrag ist, etwas mitzubringen, um dieser Atmosphäre kämpfend und helfend zu begegnen.

Auch in dieser Hinsicht ist Ananias ein Vorbild. Sein Sieg im Dienst des siegreichen Herrn wird am schönsten dadurch ausgedrückt, daß er dem Darniederliegenden die Hände auflegt. Es sind zwar schwache, aber gesegnete und eben darum segnende Hände. Sie nehmen nicht, sondern sie geben. Wer diese Hände auf seiner müden und gepeinigten Stirn fühlt, wird geheilt, wird sehend, der wird nicht, wie so oft unter der Wirkung anderer menschlicher Hände, entleert, sondern erfüllt – mit dem Heiligen Geist.

3. Geistgewirkte Begegnung

Ananias ist eines der großen Vorbilder geistgewirkten und damit auch geistwirkenden Begegnens. Übertragen wir dies auf Dinge, die uns selbst widerfahren!

Wir treten in einen Dom, wir gehen zu einer Volksversammlung, wir betreten eine Stätte des Elends, der Schuld, ein Zimmer des Leidens, ein Krankenhaus angefüllt mit Krankheitsnot, eine Grabkapelle mit dem betäubenden Geruch des Todes und der Blumen, die den Sarg schmücken – wie nehmen wir gerade hier wahr, daß Mächte da sind, denen wir uns gewissermaßen ausliefern! Selbst an Stätten der Erinnerung, ja schon beim Durcheilen einer Landschaft können wir erleben, wie uns die Atmosphäre bewegt. Treten dazu noch die Bilder früherer Zeiten und vergangener Epochen in die unmittelbare Gegenwart, dann könnte die seelische Bedrohung groß werden.

Hier soll es uns aber vor allem darum gehen, daß wir zu einem anderen Menschen ins Haus treten. Wir treten damit in sein Leben. Dies führt uns zu einem anderen tiefsinnigen Wort unserer Sprache, dem Wort „Lebensraum“. Es weist uns nicht nur darauf hin, daß wir zum Leben mehr oder weniger Raum brauchen, es drückt auch aus, daß der Raum, in dem wir sind, zum Ausdruck unseres Lebens wird, auch wenn wir glauben, nur wenig Ausdrucksmöglichkeiten im Äußeren zu haben.

Wenn ein Mensch in das Leben eines anderen tritt, dann erschließen sich eine Fülle von Möglichkeiten. Das Niedere des einen kann sich mit dem Niederen des anderen verbinden. In einer solchen Begegnung können Menschen einander ärmer machen und nach unten ziehen. Eines der erschütterndsten Beispiele hierfür ist die Begegnung von Pilatus und Herodes.

Aber auch das Höchste des einen kann sich mit dem Höchsten des anderen verbünden. Einer der größten Meister unserer mitteleuropäischen Geisteswelt, Matthias Grünewald, hat uns jene große Begegnung Marias und Johannes' unter dem Kreuz, die das Beste des einen mit dem Besten des anderen verbündete, bis in die Farben, Haltungen und Gebärden – vor allem der Hände – hinein, unvergleichlich dargestellt. Unter dem Kreuz besteht die unerhörte Möglichkeit, daß Menschen einander im Wesenhaften begegnen. Dadurch können sie sich gegenseitig helfen, und außerdem setzt solch eine Begegnung helfende Kräfte frei.

Darüber hinaus dürfen wir andere Möglichkeiten nicht außer acht lassen. Am Heiligen des einen kann sich das Böse des anderen nähren. Das große Beispiel hierfür, unergründlich in seiner schaurigen Tiefe, ist die Begegnung des Judas mit seinem Herrn. Am Heiligen kann das Böse aber auch seine Reinigung, seine Katharsis, erleben. Wir denken an die Frau, die scheu und demütig im Hause des Pharisäers zu Jesus trat. Auch sie ging von einer Sehnsucht geführt in ein Haus und konnte gerechtfertigt, getröstet und mit Freude erfüllt wieder nach Hause gehen.

Wenn Ananias über die Schwelle der Not tritt – verliert er Kraft oder gibt er dann Kraft? Wir werden sagen: beides trifft zu. Aber es ist wichtig, daß wir auch den Fortgang derartiger Geschehnisse beachten. Denn wie oft erleben wir es, daß Begegnungen zwischen zwei Menschen, die im Heiligen beginnen, im Niederen oder in der Alltäglichkeit enden. Die höchste Probe wird freilich immer da zu bestehen sein, wo der helfende Mensch, dessen „Mut im Auge des ihn Sendenden ist", dem Bösen begegnet. Das Entscheidende ist hier, daß er dabei seine helfende Kraft nicht verliert, sondern in ihr bestärkt wird – „konfirmiert" im wörtlichsten Sinn – damit er dann auch den, dem er begegnet, stärken und in seinem besten Wesen bestätigen darf. Christian Morgensterns Worte passen gut hierher:

„Liebt das Böse gut! –
lehren große Seelen –;
lernt am Hasse stählen
Liebesglut!"

Schon hier soll jene Tatsache erwähnt werden, der wir uns später noch einmal zuwenden wollen, daß gerade der helfende Mensch seinerseits auch eines helfenden Menschen bedarf. Wohl ist er im Wesentlichen, zuerst und zuletzt, auf den großen überirdischen Helfer an- und hingewiesen. Aber er ist immer auch auf helfende Menschen an- und hingewiesen. Auch auf dieses Lebensgeheimnis hat Matthias Grünewald mit seiner Darstellung der Begegnung zwischen Antonius und Paulus aufmerksam gemacht.

Ja, vielleicht darf hier – zwar mit aller Vorsicht, aber doch mit dem Mut aller Suche nach Erkenntnis – ein anderer Zusammenhang angedeutet oder wenigstens erfragt werden: Bedarf der helfende Mensch nicht sogar eines solchen Menschen, dem er helfen kann und darf? Dies ist nicht im Sinne von einer Erfüllung geheimer Überlegenheitssucht gemeint – auch diese Möglichkeit besteht ja! –, sondern in dem Wissen, daß nur der Gebende weiß, was Beschenktsein heißt, daß nur der Segnende in einem höheren Sinn gesegnet wird und daß nur der Heilende eine innerste Heilung erfährt.

4. Der Wandel des Menschenbildes

Wir treten mit dem Wissen „in das Haus" des heutigen Menschen, daß wir als Christen immer beides sind, einmal dieser „heutige Mensch", zugleich aber auch solche Menschen, die in der Nachfolge des Ananias leben wollen. Diese beiden Haltungen wollen wir bewußt festhalten: die der Solidarität und die der Andersartigkeit.

Ananias tritt in das Haus eines Menschen, von dem es heißt: „Siehe, er betet." Ist der heutige Mensch ein Betender? Nein, er ist ein Fluchender, ein Fremder, ein Suchender. Aber vernehmen wir nicht auch eine leise Stimme, die trotz allem sagt: Siehe, er betet. Oder vielleicht erst: Siehe, etwas in ihm möchte beten!

Also treten wir in dieses Haus, in unser Haus – und doch in ein fremdes –, aus unserem Haus kommend, dem eigentlichen, dem fernen und doch nahen. Wir wollen nicht die Richtenden, wohl aber die Urteilenden sein, und zwar die in Liebe Urteilenden. Unser deutsches Wort „wahr" hat von seinem Ursprung her immer zugleich die Bedeutung von „lieb", ja „lieblich". Als unsere Sprache entstand, empfanden die Menschen noch, daß Wahres nur dann existieren kann, wenn es zugleich Liebes ist, und daß Liebes nur in der Wahrheit bestehen kann. Der Geist, der in alle Wahrheit führt, leitet auch in alle Liebe, und das nicht nur in der unmittelbaren Begegnung mit dem anderen Menschen, sondern auch im Denken über ihn und den Menschen überhaupt.

Dürfen wir von einem Wandel des Menschenbildes reden? Bleibt es sich nicht immer gleich, unverändert in seiner Not, in seiner Schuld, in seiner Sehnsucht? Was das Neue Testament über den Menschen sagt, gilt zu allen Zeiten. Aber in einem bestimmten Sinn wandelt sich das Menschenwesen doch. Der Unterschied wird nicht so sehr durch räumliche oder völkische Grenzen gegeben als durch zeitliche Abschnitte. Es gibt ganz bestimmte Einschnitte der Geschichte, in der sich der Mensch verändert, in der Kräfte von oben oder von unten wirksam werden und der Kampf auf dieser oder auf jener Seite stärker wird. Insgesamt ist ja dies die Betrachtungsweise, die uns das letzte Buch der Bibel ganz besonders nahelegt.

Gerade im Licht der Offenbarung des Johannes wird aber eindeutig klar, daß die Entwicklung nur bedingungsweise durch ein Auf und Ab gekennzeichnet ist; sie wird insgesamt vielmehr durch eine Zunahme von Kräften aus der Tiefe bestimmt. Damit wird das Gute, das Reine, das Heilige, aber auch das Schöne seltener und schwerer zu verwirklichen sein.

Wenn wir die großen Einbrüche in das Gefüge der Welt und des Menschenwesens während der letzten zwei Jahrhunderte betrachten, können wir sagen: Die Mitte des 18. Jahrhunderts stellte einen Höhepunkt des geistigen Kampfes dar. Noch einmal wurden Kräfte aus edelstem Erbgut der abendländischen Christenheit sichtbar. Daß der Tod Johann Sebastian Bachs genau in die Jahrhundertmitte, in das Jahr 1750 fällt, erscheint somit von symbolischer Bedeutung. Es ist, als ob sich alle geistgewirkten Harmonien – nicht nur auf dem Gebiet der Musik – zusammengerafft hätten, um sich zum letzten Mal ausbreiten, austönen, aussingen zu dürfen, ehe das große Zeitalter der Dissonanzen heraufzog.

Heute, zwei Jahrhunderte später, ist in der Musik die Dissonanz die Norm. Harmonie gibt es höchstens noch in einem banalen Sinn, denn zum Komponieren einer Fuge hat niemand mehr die Geisteskraft, wohl auch nicht das innere Gehör und die schöpferische Phantasie. Was von der Musik gesagt werden kann, gilt auch für andere Gebiete des geistigen Lebens. Wir sind in das Zeitalter der Dissonanzen, der Disharmonien eingetreten. Dabei ist das schlimmste, daß unser Ohr angefangen hat, sich an die gellenden Mißtöne zu gewöhnen.

Darauf folgte gegen Ende des 18. Jahrhunderts der erste Durchbruch des Antichristentums in Gestalt der Französischen Revolution. Wir alle wissen, daß mit ihr auch die Verkündigung der Menschenrechte verbunden war. Aber gerade diese Verbindung von Edlem und Bösem, ja die In-Dienststellung des Guten durch das Böse gibt der neuen Entwicklung ihr eigentümliches Gepräge.

Mit dem Jahr 1840 begann dann die Verkündigung des Atheismus und Materialismus im Gewand der Wissenschaft, ja der Philosophie. Die Revolution von 1848 kann als äußere Folge davon betrachtet werden. Der Mensch, der die zweite Hälfte des 19. Jahrhunderts prägt, ist der prinzipiell gottlose Mensch. Alle Entwicklungen der Technik, der Wissenschaft, selbst der humanitären Bestrebungen können darüber nicht hinwegtäuschen. Die Christenheit wird auf dem Schauplatz der Geschichte immer mehr in die Defensive gedrängt.

Mit dem Jahr 1870 beginnt schließlich ein Prozeß, auf den bisher wohl noch nie so richtig hingewiesen wurde: die Militarisierung des Geistigen. Der militärische Mensch, dessen Handeln äußere Autorität bestimmt, der in Armeen und Verbänden zusammengefaßt ist, wird immer mehr Maßstab und Norm des Menschen überhaupt. Die Sprache spiegelt diese Entwicklung deutlich in den Ausdrücken wider, die sie vermehrt aus der Sphäre des Militärischen übernommen hat. Wir sind „einsatzbereit“, wir „nehmen den Kampf auf“, wir „stehen an der Arbeitsfront“. Die Beispiele ließen sich endlos vermehren. Selbst unsere Sprache ist an den Maßstäben des aktiven, des monumentalen, des planmäßigen, ja des haßerfüllten Kämpfens orientiert.

Gleichzeitig werden jene Begriffe säkularisiert, von denen das bisherige Weltbild getragen wurde. Sie werden ihres sakralen Charakters entkleidet. Als Beispiel soll uns das Wort „Reich“ dienen, ein Zentralbegriff des Neuen Testaments. Es ist allen irdischen, staatlichen, völkischen und machtmäßigen Gegebenheiten übergeordnet und ein Abbild der himmlischen Harmonie. Noch Schiller hat es gleichsam in rückblickender Ahnung so gesehen, wenn er die sieben Kurfürsten mit den sieben Planeten und den Kaiser mit der Sonne vergleicht:

„Und alle die Wähler, die sieben,
wie der Sterne Chor um die Sonne sich stellt,
umstanden geschäftig den Herrscher der Welt,
die Würde des Amtes zu üben."

Luther hat an dem Begriff des Reiches noch festgehalten, obgleich er der säkularen Reichsidee insofern Bahn brach, daß er das landesherrliche Kirchenregiment eingesetzt hat. Der Erste Weltkrieg offenbarte diese innere Katastrophe auch in der äußeren Wirklichkeit. Manches, was uns rückblickend als Kriegsfolge erscheint, ist, wenn wir tiefer forschen, mehr den Kriegsursachen zuzuzählen oder auf eine Ebene mit dem Krieg als solchem zu stellen, weil alles zusammen nur Symptome des inneren Zerfalls sind. Geistiges Ringen, das in den Jahren zwischen den Weltkriegen einsetzte, wurde zumeist von irregeleiteter trügerischer Begeisterung überflutet.

5. Überhörte Prophetie

Gab es inmitten solchen Geschehens keine Menschen, die diese Entwicklung „kommen sahen", die die Zeichen der Zeit als solche wahrnahmen und deuteten? Diese Frage müssen wir mit Ja beantworten. Die Rufe dieser Menschen waren eindringlich, aber doch auch wieder leise im Vergleich zu dem, was Kierkegard den „weltgeschichtlichen Spektakel" nannte. Darum wurden sie nur von wenigen vernommen. Über der Geschichte des 19. Jahrhunderts liegt die Tragik überhörter Prophetie und prophetischer Menschen, die in die Einsamkeit gedrängt wurden.

Als größtes Beispiel ist hier Franz von Baader (†1841) zu

nennen, der in kaum einer offiziellen Geschichte der Philosophie gebührend gewürdigt wurde. Dieser Mann hat mit einer unerhörten Kraft des Schauens fast alle kommenden Entwicklungen in der Sphäre des Geistes vorausgenommen, vorausgelebt, vorausgedacht, vorausgelitten. Er rief sowohl den Zeitgenossen als auch deren Nachkommen zu: „Die Geschichte begann mit der Theokratie und endet mit der Dämonokratie." „Dämonokratie?" Im Zeitalter der werdenden Demokratie lachte man über den Kassandra-Rufer oder – was noch viel schlimmer war – man schwieg ihn tot.

Wir könnten auf den noch weniger bekannten Schweizer Philosophen Ignaz Vital Troxler († 1866) hinweisen, der die kommende Entwicklung mit fast ebenso unheimlich anmutendem Seherblick so bestimmt hat: „Der Mensch wird entweder zum Leichnam oder zum Gespenst."

Neben dem Überhören solch prophetischer Stimmen, die eine Welt- und Lebensdeutung zu geben vermochten, war gleichzeitig ein höchst bezeichnender Ausscheidungs- und Ablehnungsvorgang zu bemerken. Abgelehnt, abgewertet und aus dem allgemeinen Bewußtsein ausgeschieden wurde das Erbe der Mystik katholischer wie protestantischer Herkunft. Dem intellektualistischen Geist des 19. Jahrhunderts schien alles, was mit Mystik zusammenhing, unsicher, vage, verschwommen, rückständig. Daß hier Geistes- und Lebenswirklichkeiten, Erkenntnisgüter und bildende Kräfte höchsten Ranges verborgen lagen, dafür fehlte das Verständnis.

Dieser Entwicklungslinie ist in gewissem Sinne die Umwertung Kierkegaards gleichzusetzen. An dieser Größe konnte man nicht vorbeigehen. Man konnte ihn nicht totschweigen wie Baader, obgleich er in seinem Denken von diesem abhängig ist. Aber man suchte sich aus seinen Werken, aus seinem riesenhaften Schatz geistiger Güter nur einiges heraus, das gefiel; anderes wurde in einer an Fälschung grenzenden Weise umgedeutet. Dies gilt z. B. vom Begriff des Existentiellen. Er ist für den großen einsamen

Denker der Ausdruck für jene Lebenseinheit, die alle Daseinsäußerungen im Denken und Tun durchzieht, letztlich in „Gleichzeitigkeit" mit Christus. Heute dagegen wird davon die Auflösung jeglicher Lebenseinheit abgeleitet.

6. Der „Maschinenmensch"

Wir stehen im Zeitalter des Maschinenmenschen. Auch die Maschine drückt auf ihre Weise aus, daß der Mensch Hand und Fuß hat. Sie stellt zunächst die Erweiterung der menschlichen Hand dar. Die meisten unserer Werkzeuge sind ja Bilder, Abbilder und gleichsam Verlängerungen unserer Hände, ausgenommen sind nur jene Werkzeuge, die mit dem Rad zusammenhängen. In der Maschine haben wir die Weiterbildung, gewissermaßen die Potenzierung aller Werkzeuge vor uns. Besonders aufschlußreich ist in diesem Zusammenhang die Tatsache, daß es Werkzeugmaschinen gibt.

Das Rad – eine der größten Erfindungen der Geschichte – hat heute dem Menschen weithin die Aufgabe der Füße abgenommen. Aber schon hierdurch tritt etwas Hemmendes, Negatives, Lähmendes in sein Leben. Vorüber ist die Zeit des letzten Jahrhunderts als man noch hoffte, durch die Maschine den Geist befreien zu können. Wir erleben es, wie im Gegenteil die Maschine den Geist festhält.

Überaus aufschlußreich ist jene Zeile des bekannten Revolutionsliedes: „Alle Räder stehen still, wenn dein starker Arm es will." Der Maschinenmensch neigt dazu, das stillstehen zu lassen, was er selbst geschaffen hat. Es scheint, als ob etwas Eisernes und Eisiges von der Maschine ausgeht und in den Menschen einströmt. Dies können wir an vielen Nähten und Bruchstellen unseres modernen Lebens wahrnehmen.

Da ist die Erscheinung des Brutalen, des Lärmenden und

des Zerstreuenden zu nennen. Als noch verhältnismäßig harmlos mag die Tatsache gelten, daß sich das heldische Ideal der heutigen Menschheit, soweit es sich auf Männer bezieht, an höchsten physischen Kraftleistungen mißt, daß Rekorde „aufgestellt“ bzw. „geschlagen“ werden. Das Geistige oder die Gesamtpersönlichkeit bleibt dabei so gut wie außer Betracht.

Die Freude am Brutalen führt aber unmerklich zur Freude am Überholen, am Unterdrücken, am Wehtun, also zur Grausamkeit. Hierher gehört auch die zunehmende Betonung des nackten Körpers – die in keiner Weise mit dem griechischen Ideal der Schönheit verwechselt werden darf – im Zusammenhang mit der Brutalität. Die Grausamkeit hat überhaupt eine enge Beziehung zum niedrig Sexuellen. Überall in der Welt läßt sich ein Wachsen der Grausamkeitsinstinkte, der Grausamkeitsmittel und der Grausamkeitsauswirkungen wahrnehmen.

In einem Bericht konnte man kürzlich lesen, daß Kinder, die am Sonntag mit ihrem Vater im Auto ausfuhren, am Montag in der Schule zwar oftmals noch zu berichten wissen, wie viele Kilometer sie gefahren sind, aber nicht mehr, wohin die Fahrt ging. Hier ist das liebende Schauen durch zahlenmäßige Steigerung ersetzt worden. Das aber ist das Kennzeichen des Brutalen; von hier braucht es nur noch einen Schritt zur grausamen Selbstbehauptung.

Wie sehr ist doch damit der Lärm verbunden! Daß dieses uns beinahe schon zur Selbstverständlichkeit gewordene Phänomen der lärmerfüllten Welt unsere besten Kräfte angreift und aufzuzehren droht, ist uns allen klar. Damit ist das „Zerstreuende“, also die Schwächung der Gesamtkraft der Persönlichkeit, insbesondere der höheren Fähigkeiten der Seele, bereits gegeben.

In diesem Zusammenhang ist eine unserer Epoche eigentümliche Erscheinung zu erwähnen: die Liebe des Menschen zur Maschine, die in gewisser Weise an die Stelle der Liebe zum Tier, etwa zum Pferd getreten ist. Auch hier wird die allgemeine Niveau-Senkung erschreckend deutlich. Diese Liebe des Menschen zur Maschine kommt oft einem Verfallensein an das geliebte Wesen oder einem Besessensein von ihm nahe. Welche seelischen Ursachen beispielsweise die Liebe zum Auto ungezählter Zeitgenossen letztlich hat, ist noch kaum ergründet. Unter anderem mag die Rastlosigkeit, das dauernde Auf-der-Flucht-Sein, die innere Heimatlosigkeit, ja die Unfähigkeit, irgendwo daheim zu sein, mitwirken.

Es ist wichtiger, die Wirkungen solcher Phänomene wie die moderne Maschinenliebe zu beobachten als ihre Ursprünge zu erklären. Die Maschine droht weithin die Stelle des Nächsten einzunehmen, ja sogar die Stelle Gottes. Die alte Redensart *„Deus ex machina"* könnte heute durch die Worte *„Deus Machina"* ersetzt werden.

7. Raubbau an der menschlichen Kraft

Da die Maschine – in noch höherem Grad als jedes Werkzeug – gleichsam eine „Prothese" ist, eine Verlängerung der menschlichen Gliedmaßen, vor allem der Arme, Hände und Finger, übermittelt sie menschliche Kraft an die Materie. Sie leistet dadurch, was Menschenkraft leisten wollte, aber ohne Hilfsmittel nicht leisten kann. Die Maschine tritt in gewisser Hinsicht also stellvertretend für den Menschen ein.

Daß diese Stellvertretung der Maschine überhaupt möglich wurde, ist eines der größten Wunderwerke des menschlichen Geistes; es spiegelt sich in der Geschichte der Entdeckungen und Erfindungen wider. Das Vorhandensein der Maschine ist überhaupt eines der eindrucksvollsten Zeugnisse für die höchsten Fähigkeiten des menschlichen Geistes.

Aber das Tragische ist, daß die Maschine die menschlichen Fähigkeiten, durch die sie und für die sie geschaffen wurde, in Beschlag genommen und großenteils geraubt hat. Die Beispiele dafür sind „mit Händen zu greifen". Das Radio beraubt den Menschen der Kraft des Hörens, der Film und die Unmengen sonstiger Bilder schwächen die Kraft des bewußten, wählenden Sehens, also des Schauens.

Schon hier wird deutlich, daß die schöpferische Fähigkeit des Menschen seltener wird. Wirkt sich dies nicht schon in einer Veränderung des menschlichen Angesichts aus? Immer seltener werden die ausgeprägten, die geistgeprägten Physiognomien. Man könnte sagen, daß schon so etwas wie ein geistiger Mongolensturm begonnen hat. Ihm gegenüber wird sich noch zeigen, welche Aufgaben auf den helfenden Menschen warten.

Es leuchtet ein, daß dem Schwinden der Fähigkeit, zu sehen und zu hören, ein Schwinden der Denkfähigkeit folgen muß. Der Mensch wird fast zwangsläufig eine leichte Beute von Schlagworten, von Propaganda jeder Art, von allen Einrichtungen, Dingen, Strömungen, die ihm das selbständige Denken abnehmen. Es scheint so, als ob seit der Jahrhundertwende eine Art Krankheit über eine zunehmende Zahl von Menschen gekommen ist, die sich nur als ein „Nicht-denken-Wollen" umschreiben läßt. Aus ihr ergibt sich die oft geradezu hysterische Bereitwilligkeit, sich irgendeiner Autorität zu unterwerfen. Letztlich führt dies zur freiwilligen, ja lustbetonten Aufgabe des Ichs, zu einer Haltung, die wir als existentiellen Masochismus bezeichnen können.

Es gilt beides im Auge zu behalten: das Phänomen der schwindenden Denkkraft, überhaupt der schöpferischen Fähigkeiten, und die Tatsache, daß dieses unheimliche Geschehen komplizierter Natur ist und mehrere Aspekte zeigt.

8. Der Verlust der Mitte

Wenn heute die schöpferischen Kräfte des Menschen schwinden, dann kann das auch ein Ausdruck dafür sein, daß im Zentrum des Menschen, in seinem Herzen, etwas verarmt. Die Kräfte des Herzens werden gewissermaßen nach oben verlagert, einerseits ins Intellektuelle und andererseits ins Triebhafte. Diese Spaltung ist der Grund für zahlreiche Krankheiten, für unsäglich viel Not. Umgekehrt läßt sich sagen: Krankheiten, die dadurch entstehen, sind schon Heilsymptome oder wenigstens Symptome dafür, daß der Mensch dies Gespaltensein auf die Dauer nicht aushält und sich wieder nach der Einheit sehnt.

Diesen beiden Gewalten, dem Intellektuellen und dem Triebhaften, ist vor allem der jugendliche Mensch, ja schon das Kind ausgesetzt. Diese Erkenntnis wird durch den Intellekt verdrängt, die seelische Bereicherung durch die Triebentfesselung. Das Wort „Gemüt" kennen wir höchstens noch im Sinn von „Gemütlichkeit", also in der Karikatur. Es braucht kaum erwähnt zu werden, welche Erziehungsprobleme hier entstehen.

Aber sehen wir von dieser Karikatur vorerst ab. Nicht nur die kindliche und die jugendliche, sondern die Seele des Menschen überhaupt ist von diesem „Verlust der Mitte" und dem Ansturm sowohl des Intellektuellen wie auch des Triebhaften bedroht. Diese Gewalten liegen sozusagen in der Luft, und es wird dem einzelnen immer schwerer, sich dagegen zu wehren. Sich abstumpfen zu lassen, ist nämlich keine Gegenwehr.

Ein besonders charakteristisches Beispiel für die Übermacht des Intellektuellen bietet die Entwicklung der Krankenpflege, da für die Pflege kranker Menschen eigentlich die Kräfte des Gemüts erforderlich sind und denen des Intellekts übergeordnet werden müßten. Evangelische Krankenhäuser haben Mühe, ihre relative Unabhängigkeit zu erhalten, weil die Anforderungen an die Ausbildung der

Schwestern immer größer werden. Dabei tritt das geistig-geistliche Moment immer stärker zurück.

Es ist nicht verwunderlich, wenn die Krankenhäuser auch „Gesundheitsfabriken" genannt werden. Der Vergleich mit der Fabrik, also mit dem Maschinenmäßigen, ist auch hier aufschlußreich. Und wenn andererseits das Seelisch-Geistige unbeachtet bleibt und alle Kräfte und Interessen sowohl von seiten der Pflegenden wie von seiten der Patienten auf das Körperliche konzentriert werden, muß das eine unmittelbare Stärkung des Triebhaften, Materiellen, Brutalen zur Folge haben.

Dieser Hinweis ist nur beispielhaft gemeint; ganz entsprechende Entwicklungen sind überall wahrzunehmen. Der „Dienst des Geistmenschen", um einen tiefsinnigen Ausdruck des Philosophen Saint-Martin (†1803) zu gebrauchen, wird mehr und mehr verdrängt. Die heilende Mitte wird verleugnet. Auch hier bleibt letztlich nur der Weg: „So lasset uns nun zu ihm (Christus) hinausgehen aus dem Lager und seine Schmach tragen" (Hebr. 13,13).

9. Das verborgene Antlitz

Der Mensch, der seine innere Einheit immer mehr verliert, wird auch bald den anderen nicht mehr als ganzen Menschen sehen können. Er sieht nur noch einen Teil, einen Reiz, etwas Anziehendes oder auch etwas Abstoßendes. Dies alles wertet er dann nicht mehr als Ausdruck der Gesamtpersönlichkeit.

Der heutige Mensch vermag einen anderen kaum mehr in seiner Ganzheit zu erfassen, und alle Einzelzüge, Einzeläußerungen als Fragmente seines verborgenen Ganzen zu erschließen. Er hat gar nicht mehr den Wunsch oder den Ehrgeiz, vielleicht auch nicht mehr den Mut, dies zu tun. Selbst was heute als Gesinnung und als Urteil über eine Gesinnung gilt, bezieht sich zumeist auf das Politische im gewohnt parteimäßigen Sinn.

Schiller ist auch hier ein Zeuge für das, was vor anderthalb Jahrhunderten noch gedacht und verwirklicht werden konnte. Er hat zwei seiner Distichen, die von seherischer Kraft erfüllt sind, mit „Forum des Weibes" und „Weibliches Urteil" überschrieben. Sie lauten:

> „Frauen, richtet mir nie des Mannes einzelne Taten:
> Aber über den Mann sprechet das richtende Wort!"
> „Männer richten nach Gründen; des Weibes Urteil ist seine Liebe; wo es nicht liebt, hat schon gerichtet das Weib."

Hier wird die männliche Art des Urteilens mit der weiblichen verglichen. Die männliche ist teilend, am einzelnen orientiert; die weibliche dagegen gesamthaft, das Wesen betreffend und ins Wesen treffend. Ist aber jene Aussage „Männer richten nach Gründen" heute noch wahr? Gibt es noch genügend Männer, die Kraft, Überlegenheit und innere Unabhängigkeit besitzen, „nach Gründen zu richten"?

Man hat der Zeit Schillers vorgeworfen, sie sei allzu vernunftmäßig gewesen. Aber ist dieses „Richten nach Gründen" nicht viel besser als das heutige, vom Augenblick emporgehobene „Abstimmen" im unmittelbaren wie im übertragenen Sinn? Ist es nicht besser als unser heutiges Urteil, das nicht einmal mehr instinktsicher, sondern nur noch triebhaft ist und kaum mehr dem alten, von richterlicher Würde umstrahlten Wort „Urteil" gerecht wird?

In der weiblichen Seele ruht damals wie heute die Sehnsucht, einen Menschen in seiner Ganzheit zu sehen und über diese Ganzheit „das richtende Wort" zu sprechen. Aber diese Fähigkeit wird bis zu ihrer eigentlichen Verkümmerung immer mehr zurückgedrängt. Dazu muß andererseits gefragt werden: Wo sind die Menschen, wo sind die Männer, die noch so ganz einheitlich sind, daß man das große Wort aussprechen könnte: „Voilà un homme! (Siehe, ein Mensch!)“?

In ganzer Klarheit und Tiefe hat Schiller dann auch den Zusammenhang zwischen diesem ganzheitlichen Urteil und der Liebe gesehen: „Des Weibes Urteil ist seine Liebe.“ In einem weiteren Sinn gilt dies ganz allgemein. Lieben in der reinen, hohen Bedeutung des Wortes heißt: das Wesen eines Menschen anschauen jenseits von dem, was er im einzelnen denkt, spricht und tut.

Jeder Mensch hat im tiefgründigen Doppelsinn des griechischen Wortes *„prosopon“*, das zugleich Angesicht und Person bedeutet, ein „verborgenes Antlitz“. Jeder sehnt sich danach, daß hinter seinen verschiedenen vordergründigen oder gar maskenhaften Angesichtern das eigentliche, das wesenhafte Angesicht erschaut und verstanden, daß es im tiefen biblischen Sinn „erkannt“ wird.

Das deutsche Wort „Antlitz“ ist hier einzigartig in der Sprachwelt. Es meint nicht nur das Sehende und zu Sehende, sondern das Entgegenleuchtende. Wo also das „verborgene Antlitz“ wahrgenommen wird, hat sich etwas Aufleuchtendes, etwas wie ein Verklärungsgeschehen ereignet. Aber auch hier gilt: die Kraft, der Wille, die Bereitschaft dazu schwinden immer mehr unter der unaufhaltsam vordrängenden Sucht, überall nur niedere Motive zu vermuten, ja diese zur Norm des Menschlichen zu machen.

Wie nicht anders zu erwarten, hat damit zugleich das Mitleid – in seiner ganzen ursprünglichen Tiefe, nicht im oberflächlich sentimentalen Sinn verstanden – in furchtbarer Weise abgenommen. Sonst könnte die Unmenschlichkeit ja nicht solche Triumphe feiern. Die Unmenschlichkeit läßt sich sogar als Unfähigkeit zum Mitleid definieren. Als nächstes folgt dann, daß echtes Trösten immer seltener wird. Allerdings ist nicht gesagt, daß damit die Sehnsucht nach Mitleid und nach Trost in derselben Weise abgenommen haben. Gerade unter diesen Mängeln kann ein größerer Hunger und Durst nach Mitleid und nach Trost in der Menschenseele erwachen.

Viele Psychiater sind zu dem Schluß gekommen, daß zahlreiche Krankheiten psychischer und sogar physischer Art auf den Mangel an Liebe zurückzuführen sind. Damit kehrt die subtilste Seelenkunde der Gegenwart zu einfachen und uralten Erkenntnissen zurück.

10. Der umgekehrte Bildersturm

Das wahre Bild des Menschen trat immer mehr in den Hintergrund und wurde mehr als vorher zum „verborgenen Antlitz". Ein Blick auf Physiognomien von Persönlichkeiten vergangener Jahrzehnte und Jahrhunderte zeigt dies deutlich.

In der Kunst wirkt sich diese Entwicklung in der Vorliebe für das Verzerrte und für die Karikatur aus. Es scheint, daß heutige Künstler kaum mehr fähig sind, das Schöne, das Harmonische, das „Ideal" – um ein heute besonders verpöntes Wort zu gebrauchen – darzustellen. Auch daran wird deutlich, daß wir in das Zeitalter der Dissonanzen eingetreten sind. Als höchstes Ziel der Kunst gilt weithin die Darstellung des Wirklichen. Dieses Wirkliche allerdings wird im möglichst Niederen, Unausgeglichenen, Brutalen, ja Gemeinen gesehen.

Hängt dies etwa damit zusammen, daß man das Überirdische längst nicht mehr darzustellen weiß? Ist vielleicht der Bildersturm des 16. Jahrhunderts der Grund dafür? Die mittelalterlichen Künstler wollten und konnten das Böse nicht im Menschen selber darstellen. Selbst bei Salome und Judas wagten sie nicht, das Böse unmittelbar an ihrer Gestalt deutlich zu machen. Sie hielten das Böse vielmehr in Linien und Farben an Gestalten außerhalb des Menschen fest.

Als Beispiel wäre Grünewalds Bild von der Versuchung

des Heiligen Antonius anzuführen. Dabei wußten es jene Künstler besser als jeder moderne Psychologe, daß diese dämonischen Wirklichkeiten auch *im* Menschen sind. Aber aus Ehrfurcht vor der Gottesebenbildlichkeit, wir könnten sogar sagen: aus Ehrfurcht vor dem „verborgenen Antlitz" wagten sie es nie, sie auch an einem Menschen darzustellen, an einem Menschenbild zu exemplifizieren. Sie überließen es ganz dem Betrachter, die Schlüsse zu ziehen.

Dafür aber stellten jene Künstler das Heilige dar. An ihm konnte sich die Seele des Betrachters sättigen. Es strömten ihr überirdische Kräfte zu. Auch in dieser Hinsicht können wir den Isenheimer Altar als eine leuchtende Zusammenfassung der hohen mittelalterlichen Kunst betrachten. Durch sie wurde das Bild des Menschen erhoben, erleuchtet und sein „verborgenes Antlitz" erschaut und verklärt. Daß der Isenheimer Altar ursprünglich an einer Stätte geistgewirkter Heilungen stand, ist tief bezeichnend. Dem Heiligen, ja selbst der Darstellung des Heiligen wohnt etwas Heilendes inne.

Gewiß war der Bildersturm des 16. Jahrhunderts zu einem großen Teil berechtigt. Aber es scheint so, als ob sich bald etwas Unheimliches, Dämonisches hineingemischt hätte. Es setzte nämlich – zuerst langsam, dann immer rascher – eine gewissermaßen umgekehrte Entwicklung ein, der wir heute alle mehr oder weniger „anheimgefallen" sind. Die Seele des heutigen Menschen wird von Bildern bestürmt. Der Sturm geht also nicht gegen die Bilder, sondern kommt von den Bildern her.

Daß die heutige Psyche so sehr auf Aktuelles reagiert, ist auf dieses Bestürmt- und Überströmtwerden zurückzuführen. Diese Bilder appellieren meist nicht an das Edle, sondern sie wollen die Kräfte des Herzens und des Gemüts durch den Intellekt und das Triebhafte ersetzen. Der Ausdruck „Blickfang", der für die heutige Reklame so wichtig geworden ist, enthält so gesehen etwas Unheimliches. Dazu kommt ihre verwirren Fülle, ihre drängende HasG, ihr faszinierendes Flimmern, die sie zu bildenden Kräften in einem zerstörenden Sinn macht.

11. Der Teufelskreis

Es scheint, daß sich diese Phänomene im Fernsehen zusammenschließen, ja zusammenballen werden. Die Folgen sind in Amerika gegenwärtig am deutlichsten abzusehen. Ein in Amerika lebender Schweizer schrieb in den „Basler Nachrichten“: „Die Verbreitung des Fernsehens ist schon sehr groß... Die Produktion steigt, die Reklame schafft ein künstliches Bedürfnis, die kitzelnden und sentimentalen Sendungen verflachen das Publikum und schaffen ein immer breiteres, künstlicheres Bedürfnis... Der Teufelskreis dreht sich zum Schaden und zur Schande alles dessen, was Qualität und Kultur genannt werden darf.

Es steht wohl fest, daß in der Erziehung kaum etwas eine so zentrale Rolle spielt wie die Vorbilder. Dabei ist nicht nur die Qualität der Vorbilder von Bedeutung, sondern auch die Quantität. Tiefe, bleibende Erlebnisse brauchen ihre Wirkungszeit... Es ist unvorstellbar, daß jene minderwertigen, oft widerwärtigen psychopathischen Charaktere der Fernsehsendungen die Helden der Träume amerikanischer Kinder sein können. Es beelendet zu sehen, welche *Verrohung* und *Verflachung* durch all die Detektivgeschichten, Schießereien, zweifelhaften Physiognomien und die primitive Reklame erreicht wird.

...Es scheint uns deshalb nur *einen* Schluß zu geben: Glücklich, wer diese schöne technische Errungenschaft nicht falsch anwendet und zum Instrument geistiger Verflachung und mechanischer Sinnesbefriedigung werden läßt! So paradox es klingen mag, es hat sich erwiesen: ein Volk, das fernsieht, verliert die Weitsicht.“

Dieser Bericht enthält fast alle Symptome des sich verändernden Menschenbildes, außerdem einige wichtige Folgerungen, die sich daraus ergeben. Als wichtigste Folgerung aber ist uns die Aufgabe gestellt, an der Überordnung des Wortes über das Bild festzuhalten.

12. „Etwas Edles ging zugrund"

Conrad Ferdinand Meyer hat seine Beschreibung des Bildersturmes in Zürich in „Huttens letzte Tage" mit dem erschütternden Bekenntnis abgeschlossen: „Etwas Edles ging zugrund."

„Etwas Edles!" – Das Problem des wahren Adels im Zusammenhang mit dem Heiligen wird hier berührt. Immer mehr wird das Phänomen des Adels unter dem verfälschenden Gesichtspunkt des Klassenkampfes gesehen, also auch wieder nur im Zusammenhang mit niedrigen Motiven.

Daß der Kampf gegen den Adel seit der Französischen Revolution größer geworden ist, bedarf keines Hinweises. Allerdings ist die Tatsache wichtig, daß ihr Kampf keineswegs nur, ja nicht einmal in erster Linie den Vorrechten, Vorherrschaften, Vormachtstellungen im äußeren Sinne galt, sondern auch dem Edlen im ethischen Sinn, dem Reinen, dem Außerordentlichen, dem Geistigen, dem Vorbildhaften. Nur so ist der fortwährende Zusammenhang zwischen den revolutionären Geschehnissen und der Freude an Schändung und Vergewaltigung – beide Wörter sowohl im engen wie im umfassenden Sinn genommen – zu erklären.

Jenes grauenhafte Wort „Vergewaltigung", in dem ein Meer von zumeist nie ausgesprochenem und nie auszusprechendem Leid zusammengefaßt ist, scheint zur Signatur unserer Zeit zu gehören. Ist der moderne Mensch nicht zu einem großen Teil der vergewaltigte Mensch? Vergewaltigt ist er mehr oder weniger in seiner persönlichen Freiheit, in seinem Empfinden, in seinem Denken. Im Gegensatz zu den Menschen früherer Zeiten vergewaltigen ihn nicht Einzelgestalten oder nennbare Mächte, sondern das Kollektive, die Atmosphäre, der Staat, die Wirtschaft, die Großmacht „man".

Um sich diese Vergewaltigung bewußtzumachen oder sich ihrer zu erwehren, dazu bedarf es einer fast übermenschlichen Anstrengung. Warum? Diese Vergewaltigung als Prinzip richtet sich nämlich gegen jenes „verborgene Antlitz". Darum kann man ihr auch nicht mit „übermenschlicher Anstrengung" entgehen, es sei denn, sie wird von einer wahrhaft überirdischen Hilfe getragen und gespeist. Dazu ist auch unser Wille, unsere Entscheidung, unsere Bereitwilligkeit und Bereitschaft, ja unsere Sehnsucht nötig.

Der Mensch sehnt sich aber im innersten Bezirk seines Lebens danach, alles zu tun, damit es nicht andauernd heißen muß: „Etwas Edles ging zugrund." Dieser Sehnsucht ist zugleich Verheißung und Erfüllung geschenkt.

Zum Unheimlichen in dieser Entwicklung gehört es, daß der Kampf gegen das Edle auch im Zeichen neutestamentlicher Botschaft geführt werden kann. Das Edle, Adlige, Gute wird nämlich oft mit dem Pharisäertum gleichgesetzt. Gewiß ist der von Jesus bekämpfte Pharisäismus in der Seele jedes Menschen als eine Gefahr vorhanden. Es muß aber auch gesagt werden, daß sich in der Zwischenzeit die Maßstäbe gewandelt haben. Zur Zeit des Neuen Testaments war das ethisch Außerordentliche zugleich das Vorbild; wer sich absonderte, wurde bewundert. Darin bestand seine Versuchbarkeit und seine Gefahr. Heute ist der Abgesonderte zugleich der Verachtete, der Gehaßte, der Verfemte. So wie es sich gegenwärtig entwickelt, gibt es vielleicht bald nur noch ein Verbrechen, nämlich: anders zu sein als andere. Der heutige Mensch ist kaum mehr in der Gefahr, zu beten: „Ich danke dir, Gott, daß ich nicht so bin wie andere Leute"; er betet – oder denkt – vielmehr: „Ich danke dir, daß ich so bin wie alle anderen Leute." Wer diese Haltung noch biblisch verteidigt, verfälscht die neutestamentliche Botschaft im großen Stil. Wahrhaftig: „Etwas Edles ging zugrund!"

Aber das „verborgene Antlitz" ist neu im Werden, heilige Tränen haben es gereinigt. Nach den Maßstäben der Zeit ist es zwar unscheinbar, aber auf der Ebene göttlicher Erkenntnis läßt es sich klar erkennen. Es ist ein belebtes, ein „durchgeistigtes" Antlitz. Darum vermag es allein schon durch sein bloßes Dasein zu beleben, Geist mitzuteilen.

13. „Begeisterung und dämonische Liturgie"

In unserer deutschen Sprache bilden die Ausdrücke, die vom Wort „Geist" abgeleitet sind, eine besondere Gruppe. Mit ihnen wird die wunderbare Wirklichkeit zusammengefaßt, die vom Himmel zu uns kommt. Nehmen wir sie in ihrer ursprünglichen Bedeutung, sind sie Worte unvergleichlichen Dankes. In Uhlands Ballade ruft der König dem Sänger Bertrand de Born zu: „Deines Geistes hab' ich einen Hauch verspürt." Dieses Dichterwort hält den Zusammenhang zwischen Hauch und Geist in seiner Ursprünglichkeit fest.

Nun haben aber auch Worte aus diesem strahlenden Kreis ihre ursprüngliche Bedeutung verloren. So geschah es z. B. mit dem Wort „Begeisterung". Welch ein tiefer Sinn ist ihm doch ursprünglich eigen: Erfülltwerden vom Geist, Gestaltetwerden durch den Geist, Erhobenwerden zum Reich des Geistes. Dies ist von seinem Ursprung her ein überirdischer Vorgang, der von innen nach außen wirkt, das Irdische ergreift und es wieder der oberen Welt, seinem Ursprung, zuwendet. Damit erreicht und erfüllt die echte, ursprüngliche Begeisterung zuerst den einzelnen, erst danach kann sie auch in anderen das Beste und Innerste wachrufen. Dies alles ist aber nur in der Atmosphäre vollkommener Freiheit möglich.

Dagegen versteht der heutige Mensch unter Begeisterung

zumeist die Erregung von Massen. Der Weg geht also über die vielen zum einzelnen; wer sich dagegen wehrt, muß dies oftmals mit einer gesellschaftlichen Ächtung bezahlen. Es liegt in der Natur der Sache, daß solche Begeisterung nur durch irgendwelche äußeren Reize, durch primitive Rhythmen, Alkohol, sinnliche Gier, Schlager und Schlagworte erzielt werden kann. Diese letzte Ausdrucksform ist bezeichnend. Das Wort ist nicht mehr Machtwort im Sinne wirklicher Geistesvollmacht, sondern Waffe, mit der geschlagen, oft sogar totgeschlagen wird.

Daneben wirkt vor allem die in gleichförmig schwingende Rhythmen versetzte Masse selbst begeisternd. Dies läßt sich auf eine psychische Ansteckung zurückführen; der Ausdruck „Massensuggestion" ist dafür nur ein mangelhafter Deckname. Aus all diesen Gründen bedarf eine solche falsche Begeisterung immer neuer und stärkerer Reize oder Zwangsmittel. Am Ende schlägt sie entweder in ihr Gegenteil um oder sie führt zur Lähmung alles wahrhaft Geistigen. So entsteht das gerade Gegenteil von dem, was Begeisterung ursprünglich sein wollte: Erfülltwerden vom Geist.

Bei der Beobachtung dieser Vorgänge ist unschwer eine dämonische Nachahmung und zugleich Verkehrung heiliger Geschehnisse und Handlungen zu erkennen. So kann z. B. der moderne Sport als das dämonisierte Gegenbild der Liturgie verstanden werden. Seit langem wird Sport nicht mehr wegen der körperlichen Ertüchtigung getrieben, sondern wegen der suggestiven Kraft eines sportlichen Geschehens, die vor allem von einem Wettkampf – man denke nur an einen Boxkampf oder an ein Fußballspiel – auf die Teilnehmer einwirkt. Das Wort „Teilnehmer" ist auch hier in seiner unmittelbaren und eigentlichen Bedeutung zu verstehen.

Wenn Liturgie im ursprünglichen sakralen Sinn unter anderem als eine solche heilige Handlung bestimmt werden kann, die Zuschauer und Zuhörer auf geheimnisvolle Weise zur Gemeinde zusammenfaßt und sowohl der Gesamtheit wie den einzelnen Gliedern Lebenskräfte mitteilt, dann ist es zweifellos auch bei sportlichen Veranstaltungen möglich, daß Kräfte übertragen werden. Die Frage ist nur, welcher Art diese Kräfte sind und aus welchen Quellen sie stammen.

Der Vergleich kann noch erweitert werden. Beim Sport werden Menschen ausgesondert und geschult, damit sie sich nach streng festgesetzten Regeln bewegen. Durch diese Bewegungen kann sich der Zuschauer bzw. Teilnehmer mit dem Geschehen identifizieren. Dazu gehört auch der abgegrenzte Raum, den wir als säkularisierten Chor bezeichnen könnten. Hört man nun zum Schluß oder auf dem Höhepunkt des Spieles die frenetischen Beifallsrufe der Teilnehmer, so kann man sich fragen, welchen Vorgängen dieser „Begeisterungssturm" denn eigentlich gilt. Die Antwort müßte wohl heißen: der physischen Überlegenheit, der Geschicklichkeit, der Bewegung als solcher, der angestauten und nun zur Entladung gekommenen „Spannung".

Diese Antworten lassen allerdings einen irrationalen Rest zurück, und dieser scheint gerade das Entscheidende zu sein. Gemessen an irgendeinem produktiven Wert oder wirklichen Menschheitsziel ist solch moderner Sport so gut wie sinnlos. Aber die Begeisterung ist da und kann die Menschen inmitten ihres grauen Alltags stunden- und tagelang erfüllen. Aber was lebt dadurch in ihnen, und was wird in ihnen getötet?

Welch eine Rückkehr, welch ein Suchen nach Zuflucht ist da nötig, wenn Pfingsten wieder begriffen werden soll. Denn angesichts solcher Geschehnisse wird uns neu groß und gewiß, daß nur der Heilige Geist wahre Begeisterung gibt. Obwohl sein Wesen mit dem Wort „Begeisterung" nicht eingefangen werden kann, bleibt bestehen, daß letztlich nur er allein im ursprünglichen Sinn des Wortes begeisterte Menschen schafft.

Nun gehört es nach dem Vorbild des Ananias auch zum helfenden Tun zwischen Mensch und Mensch, daß von dieser echten Begeisterung etwas weitergegeben werden darf, freilich auf eine verborgene, von Gott verhüllte Weise. Dies darf gerade deshalb geschehen, weil an der falschen Begeisterung auch deutlich wird, mit welcher Sehnsucht der moderne Mensch über sich hinauskommen und die Grenzen seines augenblicklichen Seins sprengen will, wie er gleichsam „aus seiner Haut fahren" möchte. Es ist die Sehnsucht nach einer Metamorphose des Seins, nach einem Verwandeltwerden durch außermenschliche Kräfte. Diese Sehnsucht, die dem Menschen unverlierbar mitgegeben ist, wirkt sich selbst noch in all diesen Entartungen und Verzerrungen aus.

14. Erlebnisersatz

Diese Vorgänge können aber auch von einer anderen Seite betrachtet werden. Dazu müssen wir fragen: Was bedeutet eine solche Begeisterung für das kontinuierliche und nach hohen Maßstäben ausgerichtete Wesen der Persönlichkeit, was bedeutet das für seine Existenz? Die Antwort lautet: Die menschliche Persönlichkeit wird zerteilt, gleichsam in ihre Bestandteile zerlegt, aufgelöst. Daher kommt das „zerstreute", „zerfahrene", unausgeglichene Wesen des heutigen Menschen.

Dies führt uns zu einem unscheinbaren, für den Bestand menschlicher Persönlichkeit aber wichtigen Ausdruck. Es ist das Wort „erleben". „Erleben" im eigentlichen Sinn meint nicht nur zufällige Zeitgenossenschaft, nicht nur Kenntnisnahme, ja nicht einmal nur Betroffensein, sondern es meint die innerste Aneignung von Geschehnissen, die dem Menschen unverschuldet widerfahren oder als Folge seiner Taten durch ihn selbst entstanden sind. Es gibt ein Erleben, das von äußeren Geschehnissen weithin unabhängig ist. Ein Mönch in seiner Zelle, ein Kranker auf seinem Lager kann unter gewissen Umständen Geschehnisse bewußter erleben als z. B. ein Soldat, der ungezählte Schlachten „miterlebt“ hat.

Die Fähigkeit des Erlebens ist eng mit den Kräften der Persönlichkeit, dem echten Gefühl, dem Mitleid, der Liebe, der Konzentration, dem meditativen Denken, ja mit all dem verbunden, was der Stille, der Einsamkeit und damit freilich auch dem echten Leiden verschwistert ist. In dem Maße, wie diese Kräfte zurückgedrängt werden, schwindet auch die Erlebnisfähigkeit. An ihre Stelle aber tritt in verschiedenster Form der Erlebnisersatz. Der heutige Mensch verwechselt dieses Aneignen von Erlebnissen oftmals mit dem Aufnehmen von Eindrücken, derer er sich so rasch wie möglich wieder entledigt, denen er erst gar nicht erlaubt, in ihn einzudringen und sich ihm einzuprägen. Dies ist allerdings noch nicht einmal mehr ein echtes „Abreagieren“, sondern nur eine schwächliche Resonanz auf die lautesten Töne und massivsten Impulse der Zeitgeschichte.

Bezeichnend ist dabei – auch im Blick auf das Wort „abreagieren“ – die Silbe „re“. Sie weist hin auf das Wiedergeben, das Antworten und damit auch auf das Nichtinitiative und letztlich Unproduktive. Der heutige Menschentyp ist nicht mehr vorherrschend aktiv, sondern höchstens noch re-aktiv, jedenfalls im Geistigen. Es kommt einem beinahe so vor, als ob sich alle Aktivität auf das Technische im weitesten Sinne verlagert oder zurückgezogen hat.

Damit aber ist das geistige Leben weithin gestorben. Im Blick auf das wahre geistige Leben gleicht der heutige Mensch einer Schallplatte, die ihre jeweiligen Schwingungen an die Umwelt weitergibt. Den Unterschied macht nur die Fähigkeit aus, rasch andere Eindrücke in ebenso vorübergehender und oberflächlicher Weise aufzunehmen und wieder von sich zu geben. So entsteht das Bild des stets „zeitgemäßen“ Menschen, der sich jeder Situation gewachsen zeigt, der in einer unheimlichen Weise unverwundbar ist und keinesfalls fähig, unterzugehen. Aber ist dies ein Sieg? Ist es nicht ein Symptom des Todes?

Was man schon von manchen Zeitgenossen und selbst Opfern der Französischen Revolution gesagt hat, gilt heute in weit umfassenderem Maße von ganzen Völkern: „Sie haben nichts gelernt und nichts vergessen." „Lernen", wenigstens in einem tiefen Sinn, ist nämlich das Ergebnis des Erlebens; beide Ausdrücke könnten wechselseitig gebraucht werden.

Auch von hier aus wollen wir noch weiterfragen. Könnte es nicht sein, daß diese Haltung eine Art Selbstschutz ist? Ist der Mensch durch das Geschehen der letzten Jahrzehnte nicht überfordert worden? Als nächstes müßte freilich gefragt werden, ob er nicht schuldhaft an dieser Überforderung beteiligt ist. Denken wir darüber nach, worin diese Schuld besteht, dann werden wir wohl auf das Problem des religiösen Erlebens stoßen.

Der Glaube wurde zu sehr in falscher Weise gegen das religiöse Erleben ausgespielt. Dabei ist verlernt worden, ihn selbst als heiliges Erleben und in diesem Zusammenhang als Hilfe für das tägliche Erleben, für das „Verarbeiten" der auf uns zukommenden Geschehnisse ernstzunehmen. Nicht nur das Leben als solches, sondern auch der Glaube ist ein Weg. Die Gleichnisaussagen des Neuen Testaments, die diesen Tatbestand nennen, meinen eine höchste Realität.

Zum Bild der Wanderung, des Weges gehören dann auch alle Hinweise auf die Gefahren und die Kämpfe, sei es im Sinne des Wettkampfes oder des Kampfes auf Leben und Tod mit einem Gegner, die es dabei durchzustehen gilt. Daß in Luthers Übersetzung der Unterschied zwischen diesen beiden Arten des Kampfes nicht deutlich zum Ausdruck kommt, ist zu bedauern, hat aber auf die wesentliche Botschaft keinen Einfluß.

Nicht umsonst sagt Ananias zu Saulus: „Der Herr, der dir *auf dem Weg* erschienen ist." Er selbst, Ananias, „macht sich auf den Weg", um dem zum Apostel gewordenen Verfolger für seinen weiteren Weg Kraft zu vermitteln. Unsere Väter sprachen von einer *„theologia viatorum"*, einer

Theologie der Wanderer und der Wanderschaft. Dieser Begriff sollte heute mehr denn je ernstgenommen werden. Wir bedürfen einer Theologie des Erlebens und für das Erleben. Mit einer statischen Haltung ist uns nicht gedient.

15. Das Okkulte

Wenn wir die Vorgänge zu überblicken versuchen, die unsere menschlichen Kräfte wesentlich reduzieren, schwächen, lähmen oder gar töten wollen, dann legt sich uns der Begriff des Okkulten nahe. Dieses Wort bezeichnet – wörtlich genommen – etwas Dunkles, Verdunkeltes, Verdunkelndes, aus dem Dunkeln Kommendes; in einem weiteren Sinn aber auch alles Unheimliche, Zauberhafte, Magische, ferner uralte heidnische Gebräuche und Vorstellungen, die in unser Denken einströmen. Wir haben dabei gewissermaßen ein umgekehrtes missionarisches Geschehen vor uns. Dazu zählt dann auch jene merkwürdige Vermischung zwischen biblischer Botschaft und deutlich okkult-magischen Vorstellungen, ja Kräften, wie wir sie vor allem bei einzelnen Sekten feststellen können.

Fast noch wichtiger aber ist die Beobachtung, daß Angesicht, Seele und Bewußtsein des modernen Menschen mehr als früher in Gefahr sind, überschattet und verdunkelt zu werden. Schuld daran können Sorgen, ungelöste Probleme, Vereinsamung, Angst, aber im eigentlichen Sinn auch etwas Okkultes sein, also eine im Gegensatz zur himmlischen Erleuchtung jenseitig begründete Verdunkelung. Von hier könnte leicht eine Verbindung zu manchen der bisher besprochenen Symptome hergestellt werden. Es sei nur erwähnt, daß es einen Zusammenhang zwischen dem Okkulten und der falschen Begeisterung gibt. Sie kann durch okkulte Mittel bewirkt werden.

Von hier aus läßt sich dann die Tatsache erklären, daß es

immer mehr Menschen gibt, die etwas Unheimliches an sich haben. Ein feines, noch unzerstörtes Empfinden vermag eine Umnachtung des Gemüts durch Sorgen von einer okkulten Umnachtung, die übrigens oft bewußt die Maske der Freundlichkeit anlegt, unmittelbar zu unterscheiden. Es ist aber auch möglich, daß eins ins andere übergeht. Jene unheimlich geprägten Menschen können auf andere eine solch lähmende, beängstigende Wirkung ausüben, daß sie sogar bis ins Körperliche hinein spürbar wird. Damit aber kann die „Macht der Finsternis“ in das menschliche Leibes- und Seelenleben einziehen.

Auch im Blick auf das Vordringen des Okkulten wollen wir nicht in falscher Weise vorschnell richten. Es läßt sich unter anderem auf die große Fülle rätselhafter Geschehnisse im Zusammenhang mit dem Tod zurückführen. Für ungezählte Menschen stellt sich heute die dringende Frage nach der Verbindung mit den Toten. Welcher Art könnte sie sein? Dürfen wir für die Entschlafenen beten? Wirken sie noch in unser Leben hinein? Was vor Generationen – wenigstens im Protestantismus – nur wenige zu denken wagten, ist zu einer allgemeinen Not geworden, von der viel Unsicherheit ausgeht.

Wie leicht wird man hier auf Irrwege geführt; unserem protestantischen Bewußtsein fällt es an dieser Stelle schwer, die biblische Linie richtig weiterzuverfolgen. Aber auch der Versuch, dies zu verstehen, soll uns nicht davon abhalten, das Okkulte ernst zu nehmen. Es bedeutet nach wie vor Verdunkelung statt Erleuchtung. Erst wenn die Not so klar erkannt ist, darf geholfen werden. Nur in dieser Haltung können wir uns richtig über die Gewißheit freuen, daß es neben der Dunkelheit eben auch die Erleuchtung durch den gibt, der das Licht der Welt ist.

16. Verschobene Verantwortung

Zum allgemeinen Strukturwandel unserer Generation gehört auch das Phänomen der Verantwortungsverschiebung. Dies wird zunächst an den Kinderschicksalen unserer Zeit deutlich. Überall in der Welt bekommen sie, gemessen an früheren Maßstäben, etwas gleichsam Anorganisches. Eindrücke und Erfahrungen, Verantwortungen und Versuchungen, die „normalerweise" Erwachsenen vorbehalten sind, kommen auf Kinderherzen, Kinderseelen, Kindernerven zu. Gewiß hat der leiblich-seelische Organismus des Menschen schon früh Abwehrkräfte mitbekommen, durch die er sich schützen kann. Trotzdem wird aber mit grundlegenden Veränderungen zu rechnen sein.

Ein Stadtmissionar berichtet, daß er in einem großen Wohnblock Besuche gemacht und eine Frau angetroffen habe, die in einer schweren Ehekrise steckte. Schon habe er das Bibelwort auf den Lippen gehabt: „Wie sich ein Vater über Kinder erbarmt, so erbarmt sich der Herr über die, so ihn fürchten." Aber dann sei ihm eingefallen, daß gerade dieses Wort die Frau aufs tiefste verwunden würde.

Obwohl gesagt werden kann, daß sich die Vatergüte Gottes nicht an einem menschlichen Vaterbild messen läßt, bleibt die Tatsache, daß es der alttestamentliche Fromme zur Veranschaulichung des göttlichen Wesens noch gebrauchen konnte. Daß dies heute nicht mehr in gleicher Weise möglich ist, gehört zu den Symptomen unserer Zeit. Kinderschultern, Kindergemüter müssen heute Lasten tragen, denen Erwachsene kaum gewachsen sind. Kinderaugen, Kinderohren müssen Dinge wahrnehmen, vor denen selbst starke Männer und reife Frauen erschrecken.

Eine weitere Verantwortungsverschiebung läßt sich vom Mann zur Frau hin feststellen. In Kriegszeiten ist dies überall sichtbar. Wir sind offensichtlich in eine Art permanente Kriegszeit eingetreten. Auf der anderen Seite scheinen diese Vorgänge aber auch irgendwie unabhängig vom Phänomen des Krieges zu sein. Die moderne Frauenbewegung kann als eine Vorbereitung dieser Entwicklung gesehen werden. Die verheiratete wie die alleinstehende Frau wird mehr denn je in ihrer Entschlußkraft und Entschlußfreudigkeit gefordert. Dazu kommt noch, daß ihre seelische Tragfähigkeit insgesamt immer mehr beansprucht wird. In dieser Beziehung ist die in Jahrhunderten und vielleicht Jahrtausenden geschulte weibliche Seele dem Mann im Gegensatz zur Entschlußfreudigkeit ohnehin überlegen. Trotzdem ist die Lasten- und Verantwortungsverschiebung auch hier offenkundig.

Ganz allgemein kann gesagt werden, daß jede Verantwortung, der sich ein Mensch entzieht, früher oder später von einem anderen – zur Unzeit also! – übernommen werden muß, auch wenn dies nur mangelhaft geschehen kann. Wenn Eltern die Erziehung ihrer Kinder vernachlässigen, muß sie entweder durch Selbsterziehung – die freilich der seltenste und günstigste Fall einer Verantwortungsverschiebung wäre – oder von Schule, Vorgesetzten, Offizieren, gegebenenfalls auch von staatlichen Erziehungs- und Strafbehörden nachgeholt werden. Welche Konflikte, welche persönlichen und familiären Nöte, welche sozialen Belastungen, welche seelischen Wunden daraus entstehen, auch über das persönliche Geschick des einzelnen hinaus, kann nicht ermessen werden.

Nur gestreift sei hier die Lehre der Psychoanalyse von der Übertragung. Allen Mißbräuchen und Mißdeutungen zum Trotz können wir ihren eigentlichen Sinn wohl so beschreiben: Wenn jemand sein bestes Wesen, sein eigentliches Bild zerstört hat, dann sucht er irgendwie nach einem Ersatz oder Gegenbild. Dadurch soll nicht allein die verwundete Seele, sondern auch jenes zerstörte Bild auf geheimnisvolle Weise wieder geheilt, wieder „ergänzt" werden. Daß dies bei schweren Verlusten wie Tod oder Zerrüttung einer Ehe der Fall sein kann, braucht wohl kaum erwähnt zu werden.

Diese Verantwortungsverschiebungen werden nun auch zur Aufgabe. Je mehr Menschen mit dem ihnen anvertrauten Leben – sei es das eigene oder das Leben anderer – untreu umgehen, desto häufiger müssen fremde, zunächst unbeteiligte Personen in die Lücke treten, zuallererst Ärzte und Schwestern, dann aber auch je nach den Umständen andere Menschen. Es wird etwas davon deutlich, was menschliche Stellvertretung, ja Sühne bedeutet.

17. Vereinsamung und Einsamkeit

Die Gegenwart kennt mehr als irgendeine frühere Zeit das Wort „Vereinsamung" mit seiner unausdenklichen Last. Vereinsamung kann entweder durch den Verlust des Gatten, der Kinder und schwere Erlebnisse – oder dadurch eintreten, daß sich der Mensch in der veränderten Welt nicht zurechtfindet und von einem stets wechselnden Fremdheitsgefühl erfüllt wird, das die Brücken und Stege zu den Mitmenschen hin abbrechen läßt. Schließlich bleibt er allein und vereinsamt auf der Insel der Schwermut zurück.

Es ist auch hier so, daß die von außen bewirkte und die von innen her kommende Vereinsamung oft ineinander übergehen. Manchmal wird Vereinsamung lange nicht sichtbar. Zuweilen wird sie durch die Sprache verborgen, zuweilen aber auch erst ins Bewußtsein gerufen. Durch die Sprache ergeben sich oft Mißverständnisse oder Unmöglichkeiten des Verstehens, daß sie geradezu zur Vereinsamung beitragen kann.

An dieser Stelle muß auch gesagt werden, daß Vereinsamung nicht nur durch den Verlust eines nahen Menschen eintritt, sondern in noch viel bitterer Weise zuweilen auch an der Seite des vielleicht lange ersehnten Menschen. Es ist gar nicht so selten, daß die Mutter, die Schwester und die Frau eines Heimgekehrten sagen, die Zeit, in der er vermißt war, sei trotz all ihrer Bitterkeit leichter zu ertragen gewesen als die der Gemeinsamkeit.

Diese Vereinsamung bringt eine Fülle von Problemen mit sich. Der falsche Ausbruch aus der Vereinsamung und damit der zerstörende Einbruch in andere Lebensgemeinschaften, ebenso das falsche Mitleid mit Vereinsamten sind vor aller Augen. Gerade darüber aber könnten andere Gefahren verborgen bleiben und um so bedrohlicher werden. Dazu gehört vielleicht die Gefahr, die Vereinsamung anderer Menschen einfach hinzunehmen, sich nicht in sie hineinzudenken. Wenn man dies vermeidet, dann vermeidet man auch das Helfen.

Die Überwindung dieser Vereinsamung wird durch die allgemeine Erotisierung nicht nur der menschlichen Beziehungen, sondern auch des menschlichen Denkens erschwert. Diese Erotisierung, die fast in einen Pansexualismus übergeht, hat dazu geführt, daß eine *nicht* von der Erotik her bestimmte Gemeinsamkeit nicht mehr ernstgenommen werden kann. Gerade hier liegt heute die große Aufgabe, wenn nicht alles aus den Fugen geraten soll. Es geht z. B. nicht an, daß jede Arbeitsgemeinschaft zwischen einem verheirateten Mann und einer verheirateten Frau gleich verdächtigt, belächelt oder mit Warnsignalen versehen wird. Entscheidend ist vielmehr die Erkenntnis, daß diese Aufgabe nicht nur negativ, sondern durch Lebenshilfe zu lösen ist. Dieser muß immer ein Moment der Gegenseitigkeit innewohnen, ohne irgendeinen anderen Menschen zu bedrohen oder zu berauben, wenn sie auf die Dauer tragbar sein soll. Frühere Generationen scheinen hier klarer und weiter gesehen zu haben.

Es ist aber möglich, daß unsere gewohnten Kategorien von Liebe, Freundschaft, Teilnahme und selbst Mitleid nicht ausreichen, dies zu verwirklichen. Auch scheint es Menschen zu geben, für die nach ihrem ganzen Wesen diese Begriffe letztlich ineinander übergehen. Die Worte sind hier aber nicht das Entscheidende. Die Hauptsache ist vielmehr, daß die ungeheure Sehnsucht des heutigen Menschen nach Geborgenheit ernstgenommen wird.

Dies allerdings ist nur möglich, wenn zugleich der Mensch als Mensch ernstgenommen wird. Ein Vorgesetzter z. B. mißbraucht seinen Untergebenen immer dann, wenn er irgendwie versäumt, den anderen als Mensch ernst zu nehmen. Um nun aber einen anderen als Menschen ernst nehmen zu können, muß man freilich vor allem erst selbst „Mensch geworden" sein, ja – in einem tiefen Sinn – immer mehr Mensch werden.

In diesem Zusammenhang sei noch ein anderer Gesichtspunkt erwähnt. Er mag zuerst fremdartig erscheinen und dem Bisherigen widersprechen. Unsere Zeit, die so sehr von Vereinsamung geprägt ist, kennt zu wenig wahre Einsamkeit. Vereinsamung erscheint als etwas Schicksalhaftes, als ein Leiden, das entweder von außen oder von innen auf uns zukommt. Unter Einsamkeit verstehen wir hier etwas Gewolltes und Gewähltes. In der Einsamkeit sind schöpferische Möglichkeiten und Kräfte verborgen. Ja, es ist sogar so, daß Schöpferisches ohne Einsamkeit nicht denkbar ist.

Vielleicht aus Angst vor Vereinsamung oder dem Sein als Persönlichkeit ist der moderne Mensch nicht nur auf der Flucht vor sich selbst, sondern auch vor der Einsamkeit, oder er liegt im Kampf mit ihr. Diese Flucht, dieser Kampf scheinen heute wie eine ansteckende Krankheit über die Seelen gekommen zu sein. Daß in vielen Häusern von früh bis spät das Radio laufen muß, ist nicht nur der Bewegungs- und Lärmsüchtigkeit zuzurechnen; es muß zugleich unter dem Gesichtspunkt der Angst vor der Einsamkeit und des Kampfes gegen sie gesehen werden. Auch daß die Liebe zum Buch und zum einsamen Verweilen in der Natur abnimmt, gehört hierher.

Leidvolle Vereinsamung kann in schöpferische, helfende Einsamkeit umgewandelt werden, was freilich nur in der Kraft des Geistes und durch überirdische Hilfe möglich ist. In gewissen Lebensepochen ist diese Umwandlung sogar das göttlich Gebotene. In der Regel wird der Mensch, der von der Gemeinsamkeit in die Einsamkeit geführt wird, mehr bedauert als einer, der das Glück wahrer Gemeinsamkeit nie erfahren hat. Dies ist zwar begreiflich, entspricht aber einem zu oberflächlichen Denken. Echtes Verstehen zeigt sich auch darin, daß wir nicht – vor allem nicht aus einer gesicherten Geborgenheit heraus – nur lächeln oder gar hart urteilen, wenn ein vereinsamender Mensch nach irgendwelchen Ersatzhandlungen und Ersatzbeziehungen greift. Daß hier die Gefahr verhängnisvoller Verirrungen besteht, soll nicht abgestritten werden. Aber immer wieder darf eine von Gott gesandte und aus seinen Händen angenommene Einsamkeit zur Schule des Ausgleichs werden. Genau dies meint auch das große Wort Saint-Martins: „Alles im Leben ist entweder Strafe oder Prüfung.“ Wir dürfen hinzufügen: Es kann auch Weihe, Einweihung, Erkenntnisweg, Schulung zum Helfen sein, Erziehung zu wahrem Menschsein.

Darum vermag eine Lebensepoche oder ein Wesenszug echter Einsamkeit auch das Verständnis für das ungeheure Phänomen der Vereinsamung zu geben. Vor allem aber ist die Liebe zur Einsamkeit und das Wissen um ihre schöpferisch-helfenden Kräfte ein mächtiger Schutz gegen Gewalten wie Massenpsychose und den Drang, in ihr unterzutauchen.

18. Sinkendes Niveau

Nicht als Schlagwort – obgleich es sich gut dazu eignen würde –, sondern als Wort der Orientierung soll der Ausdruck „Niveausenkung“ hier gebraucht werden. Hermann Bezzel hat schon während des Ersten Weltkriegs die drohende Halbbildung als eine große Gefahr gesehen. Der Scharfblick dieses bedeutenden Mannes ist zu bewundern –, so wie die Verhältnisse aber heute sind, war seine Sicht immer noch zu optimistisch. Dabei sehen wir noch von der Tatsache ab, daß solch ein erhabenes Wort wie „Bildung" kaum mehr im Sinne früherer Generationen, vor allem der Romantik, verstanden wird, von der Leopold Ziegler sagt, sie hätte den deutschen Geist sehr wohl in der Tiefe festigen und sammeln können, wenn „das deutsche Volk dieser seiner eigenen Ergründung besser gewachsen gewesen wäre." Noch bei Friedrich Hebbel, dem Nachfahren der Romantik, können wir lesen:

„...und mich mit tief entzücktem Sinn
am Wunder deiner Bildung weide."

In seinem ursprünglichen Sinn, selbst wenn er verblaßt wäre, sind die „Gebildeten" heute Gegenstand des Widerspruchs, ein Sklavenaufstand des Triebhaften. Einer der dabei entfesselten Triebe ist der Nivellierungstrieb. Das geradezu diabolisch Listige an diesem Nivellierungstrieb ist, daß er sich im Gewand der Zuneigung scheinbar dem Niedrigen, Entrechteten zuwenden, ja, daß er sich die Maske der Hilfsbereitschaft und selbst der christlichen Demut aufsetzen kann.

Das äußerlich Gleiche entspricht aber nur scheinbar der christlichen Botschaft; vielmehr setzt alle Gleichheit die Beziehung zu Gott voraus. Erst mit ihr wird sich die Ehrfurcht vor der Besonderheit des anderen ergeben. Nur dann ist echter Austausch, beglückendes Geben und Nehmen möglich.

Der Nivellierungstrieb begnügt sich aber nicht einmal mit der Tendenz, alles gleichzumachen, sondern sein Ziel ist überdies, die Maßstäbe und Ansprüche zu senken. Die Erfahrung zeigt, daß überall, sogar unter der Herrschaft des Sozialismus, die äußeren Ansprüche zunehmen und in diesem Zusammenhang dann notwendigerweise auch die äußere Ungleichheit. Diese allgemeine Senkung der wahren Maßstäbe und inneren Ansprüche, somit auch der Anforderungen der Sitte, der Kultur, des Verstehens bezeichnen wir als Niveausenkung. Dieser Vorgang gehört zu den Vorbedingungen der entscheidenden Bedrohung unserer Zeit. Ihr wollen wir uns nun zuwenden.

19. Der tödliche Angriff auf das Ich

In gewissem Sinn können die Kämpfe um den Menschen und das Menschenbild, sowohl jene, die uns bis jetzt andeutungsweise beschäftigt haben, wie auch die vielen anderen, die wir nicht erwähnen konnten, dahingehend zusammengefaßt werden, daß sie ein Angriff auf das Ich, auf die Persönlichkeit sind. Wir fragen zunächst: Wodurch entsteht dieser tödliche Angriff auf das Ich? Die Antworten können nur annähernd gegeben werden. Auf alle Fälle sind aber überindividuelle und untermenschliche Kräfte daran beteiligt. Auch an ihnen ist der „Verlust der Mitte", der das Unheimliche, das Dämonische ausmacht, offenbar. Wir verstehen besser als frühere Generationen, was die Apokalypse mit dem Tier aus dem Abgrund meint.

Im Bereich des Gefühlslebens gehört dazu die große Rolle, die der Haß spielt, und zwar der Haß als entfesselter Trieb wie auch als gelenkte Kraft. Er wird bewußt in den Dienst des Geisteskampfes gestellt, besonders in den Dienst gegen das Evangelium. Den entscheidenden Einschnitt dieses Kampfes bildet das Kommunistische Manifest. Seine Folgen sind überall mit Händen zu greifen. In einem erweiterten Sinne könnten wir sagen, daß der Haß bewußt in den Kampf gegen alles Höhere, alles Edle, ja gegen alles gestellt wird, was sich berufen fühlt, anders als die Umwelt zu sein.

Manche erwähnten Nah- oder Fernziele der gegenwärtigen Entwicklung könnten ohne Haß und der systematisch geübten Kunst, ihn zu erregen, zu konservieren und zu steigern weder erreicht noch erstrebt und verkündigt werden.

Er richtet sich sowohl gegen einzelne wie ganze Gruppen, Klassen und Rassen von Menschen. Der Haß an sich ist persönlichkeitsfeindlich, während die Liebe sowohl der Persönlichkeit, die sie ausstrahlt, als auch jener, der sie gilt, dazu verhilft, Persönlichkeit zu werden.

Zwischen Haß und Lüge besteht ein enger Zusammenhang, der dem heiligen Bündnis von Liebe und Wahrheit entgegengesetzt ist. So wie Liebe und Wahrheit letztlich miteinander verbunden sind – auch wenn an dieser Stelle in unserem Leben Pflichtenkollisionen auftreten können –, so sind letztlich auch Haß und Lüge dämonisch miteinander verknüpft. Die Lüge tritt zunächst als Ungehorsam gegen die Wahrheit auf, dann als ein Mittel, das die Persönlichkeit bewußt zerstört. Beides wird unmittelbar in der Pädagogik deutlich. Endlich wird mit diesem Auftreten der Lüge das Verständnis für geistige Wirklichkeiten schwinden.

Wohl das bekannteste und folgenschwerste Beispiel ist das Schlagwort des frühen Marxismus, auf das alle heutige Religionsverfolgung im Grunde zurückzuführen ist: „Religion ist Opium für das Volk!" Darin liegt nicht nur ein gehässiger Angriff auf das Christentum und den Glauben schlechthin, sondern auch eine Umerziehung und Umschulung des Denkens über die Religion. Die Konsequenz ist, daß der Sinn für jede übermaterielle Realität vernichtet wird.

Dieser Angriff auf das Ich kommt seiner Zerstörung gleich. Die Frage, die heute zahlreiche Menschen jeder Prägung beschäftigt, inwieweit dies wirklich möglich ist, soll uns hier nicht beschäftigen. Die Aufgabe des helfenden Menschen dabei ist, gewissermaßen solche Kräfte in sich aufzuspeichern, die der Zerstörung Widerstand leisten und an andere zu diesem Zweck weitergegeben werden können. Gelingt dieser Widerstand, so wird die Persönlichkeit nachher stärker sein als vorher.

Dieser tödliche Angriff auf das Ich wird in solchen Gebilden Gestalt gewinnen, die strukturell das Schema einer Ge-

genkirche, einer satanischen Nachbildung des Sakralen, z. B. der Beichte, der Liturgie, des Kultes im weitesten Sinne haben, aber auch in der Inquisition und dem Unfehlbarkeitsdogma.

Dieser Angriff braust über die Welt dahin, schlägt Völker in seinen Bann und fordert so viele Menschenopfer, wie sie keine Zeit zuvor gesehen hat. Vergleichen ließe er sich höchstens mit dem Mongolensturm unter Dschingis Khan. Aber selbst dieser unheimliche Mensch – einer der größten Vernichter, den die uns bekannte Weltgeschichte je sah – hatte noch Ehrfurcht vor dem Geistigen, der Gestalt des Dichters, des Gelehrten und vor allem des Priesters jeglicher religiöser Prägung. Trotz all seiner Grausamkeit hatte er in seiner Seele und seinem Reich gleichsam einen Raum für das ausgespart, was er an edlem Gut unter der Menschheit vorfand.

20. Grundlagen der Seelenführung

Nach diesem Versuch, unsere Lage zu klären, wollen wir uns nun der Gestalt des helfenden Menschen zuwenden, der eben gerade in dieser Lage helfen kann. Wir wollen uns an zwei Männer erinnern lassen, welche die kommende Entwicklung im wesentlichen vorausgeahnt haben. Es sind Johann Jakob Schütz (1650–1690) und Gerhard Tersteegen (1697–1769).

Beide gehören – wohl durch ihre prophetische Haltung – zu den Persönlichkeiten, die gleichsam am Rand der protestantischen Geschichte ein höchstens geduldetes, wenn nicht sogar verdächtiges Dasein führen. Beide aber – und dies ist für uns hier wichtig – haben Lieder hinterlassen, die für die Seelsorge und Seelenführung von großer Bedeutung sind. Aus ihren Dichtungen greifen wir hier nur jeweils ein Lied heraus: „Sei Lob und Ehr dem höchsten Gut“ von Johann Jakob Schütz und „Kommt Kinder, laßt uns gehen" von Gerhard Tersteegen.

Aus verschiedenen Gründen ist das Lied „Sei Lob und Ehr dem höchsten Gut" von Anfang an als ketzerisch verdächtigt worden. Es hat nur entgegen theologischen Urteilen seinen Weg in fast alle evangelischen Gesangbücher gefunden. Beanstandet wurde vor allem die sich an neuplatonisches Geistesgut anschließende Bezeichnung „höchstes Gut", die für Gott gebraucht wird. Aber auch andere Gedankengänge erschienen den Hütern der Orthodoxie theologisch nicht einwandfrei.

Wir wollen dieses Lied auf eine Weise betrachten, die sich sonst selten findet. Das Wesen Gottes kann in einer doppelten Schau erkannt und dargestellt werden. Nicht allein das Väterliche, sondern auch das Mütterliche wird dabei aufgezeigt: „Mit Mutterhänden leitet er die Seinen stetig hin und her." Auch die Vaterliebe Gottes wird hier nicht, wie es sonst vorwiegend üblich ist, im Sinne des Ernstes, sondern der Güte gesehen: „Er neiget die Vateraugen denen zu, die nirgend sonsten finden Ruh."

Was diese Erkenntnis über die Gebärde des Neigens auf Gott angewandt bedeutet, wird uns groß, wenn wir bedenken, wie verhältnismäßig behütet jene Zeit noch war. Dann bewegt uns das Wissen um die Ruhelosigkeit und das Suchen nach Ruhe in dieser Welt vielmehr. Johann Jakob Schütz wußte, daß es Menschen gibt, „die nirgend sonsten finden Ruh", und er hat ihr Schicksal verstanden und mitgelitten.

„Er bleibet ihre Zuversicht, ihr Segen, Heil und Frieden." Alles was im menschlichen Leben an segnendem, heilendem und friedenschaffendem Wirken möglich ist, das hat in Ihm seinen nie auszuschöpfenden, nie zu erreichenden Ursprung und zugleich seinen Maßstab. Das Neue Testament redet ja in vielfältiger Weise von diesen Möglichkeiten.

In unserem Lied wird Gott ferner in einzigartiger Weise als „der Überfluß" bezeichnet. Gott, der Schöpfer, ist seinem Wesen nach der überströmend Schenkende. Dieser

Gedanke ist in den Briefen des Apostels Paulus mehrfach zu finden. Wir denken etwa an das Wort: „...auf daß die überschwengliche Kraft sei Gottes und nicht von uns“ (2. Kor. 4,7). Überhaupt finden wir in vielen Aussagen des Apostels etwas gleichsam Überschwengliches. Sie haben ihren Ursprung in der überschwenglichen Güte Gottes.

Johann Jakob Schütz kann sagen: „So kommt, so kommt der Überfluß, der Schöpfer selbst und neiget die Vateraugen denen zu, die nirgend sonsten finden Ruh.“ Aber auch diese Erfahrung, das bewußte Erleben zugeneigter Vateraugen, endet mit der Ehre dieses Vaters: „Gebt unserm Gott die Ehre.“ Das Leben dieses begnadeten Dichters war wie sein Lied: eine große, echte Doxologie.

Eine der bekanntesten von den vielen Dichtungen Gerhard Tersteegens ist wohl das Lied: „Kommt Kinder, laßt uns gehen.“ Auch dieses Lied dient der Seelenführung. Darauf weisen schon die vielen Ausdrücke wie Weg, Gehen, Wandern, Hindernisse und Pilgrimschaft hin. Wir können es auch als seelsorgerliches Meditationslied oder als meditatives Seelsorgelied bezeichnen. Tersteegen hat es für die kleine, fast klosterähnliche Gemeinschaft auf der Otterbeck geschaffen. Von den drei Pilgerhütten, die er gegründet hatte, war sie geographisch die mittlere, innerlich gesehen aber die wichtigste. Die Menschen in diesen Pilgerhütten, vor allem auf der Otterbeck, richteten sich nach ganz bestimmten Regeln, die ihnen Tersteegen gegeben hatte.

Welchen Sinn hatte nun diese Gemeinschaft, die sich auf der Otterbeck zusammenfand? Wie schon erwähnt, machte sie zunächst einen klosterähnlichen Eindruck. Es schien, als würde sie sich aus der Welt zurückziehen. Aber dies war nur die eine Seite. Die Pilgerhütte sollte zunächst Zuflucht für andere sein. Dann war die Otterbeck aber auch eine große Stätte der Verkündigung. Sie wurde so gebaut, daß von einem in der Mitte liegenden Raum die Stimme des Redners in allen Zimmern und Gängen, ja noch auf den Treppen gut zu hören war.

Schließlich sollte von hier aus Seelsorge geübt werden. Gerhard Tersteegen steht vor uns als großer Seelsorger, ja Seelenarzt. Dieser Mann, dem so viele tiefe geistliche Erkenntnisse anvertraut worden waren, kümmerte sich zugleich helfend und heilend um den Leib. Dieser Mann, der immer wieder sagen konnte: „Verlaßt die Kreatur!“, hatte eine intuitive wie auch bewußt geübte und geschulte Beziehung zur Kreatur.

Wenn wir das Lied von Schütz und Tersteegen miteinander vergleichen und in einem inneren Zusammenhang sehen, könnten wir sagen: Sie verhalten sich zueinander wie Liturgie und Diakonie. Das eine weist auf das andere hin. Überall im Leben des Christen, am meisten aber im Wesen des helfenden Menschen ist diese wahrhaft schöpferische Einheit von Liturgie und Diakonie vonnöten.

21. Der Jünger als der Helfende

Kehren wir zu der Gestalt zurück, die der erhöhte Herr auserwählt hat, um Paulus, dem er erschienen war, die letzte Hilfe vor dem Sehendwerden zu geben: Ananias. Wir sehen ihn unmittelbar in seiner Menschlichkeit. Ananias hat Angst und bekennt sich zu dieser Angst. Er breitet sie vor dem Herrn aus. Schon allein unter der Nachricht über den Verfolger wird er viel gelitten haben. Aber er gehorcht trotz der Angst. Er hört nicht nur den eigenen stockenden Herzschlag, sondern auch die Stimme seines Herrn. Als ihm unter drohendem Ansturm der äußeren Welt Hören und Sehen vergangen war, wurde er erst recht ein hörender und sehender Mensch.

Welche Möglichkeiten sind doch in den Worten enthalten: „...zu dem sprach der Herr in einem Gesicht: Ananias!“ In gewisser Hinsicht könnten wir mit vollem Recht denken: Davon sind wir oder haben wir uns weit entfernt.

Diese Entfernung ist uns aber nicht nur gegeben, damit wir den Abstand messen und über ihn erschrecken, sondern auch, damit wir uns über tröstliche Nähe freuen, denn selbst eine Gestalt wie Ananias zählt zu der Wolke von Zeugen, die um uns ist.

Dies erinnert uns auch an alttestamentliche Geschehnisse, etwa an jenes Geschehen, das vom Knaben Samuel in Silo handelt. Wenn uns beim eingehenden Betrachten solche wunderbaren Geschehnisse den Atem rauben wollen, weil sie so weit entfernt zu sein scheinen, können wir uns in das schlichte Wort flüchten: „Es war aber ein Jünger zu Damaskus mit Namen Ananias..." Ehe der Verfolger nach Damaskus kam, war der Heilige Geist schon dort gewesen und hatte einen Jünger zum Helfen erweckt.

Wir wissen zwar, daß durch die unerhörte Aufgabe des Helfens, der ständigen Weitergabe an Kraft, ja am Nichthelfenkönnen, auch die Kraft des Jüngerseins vom Zerbrechen bedroht werden kann. Aber wir wissen auch, daß die Kraft dieses Jüngerseins am Helfen wachsen darf. Dafür haben wir die Verheißung des Herrn: „... daß ihr viel Frucht bringet und werdet meine Jünger" (Joh. 15,8). Alles soll uns dazu dienen, seine Jünger zu werden, auch wenn wir gleichwohl nur demütig sagen können: Wir durften es werden. Unaufhörlich fügen wir hinzu: Wir dürfen es gerade durch das Helfen, im Helfen, für das Helfen, letztlich aber für den immer neu, immer ernster werden, der uns gesandt hat, wie er vom Vater gesandt wurde. Schließlich wollen wir uns daran erinnern, daß schon im Jüngersein, wenn es auch nie vollendet ist, im bloßen Dasein des Jüngers oder der Jüngerin – und nicht erst in ihrem Nahesein – einer Welt geholfen werden kann, die sich nach dem helfenden Menschen sehnt.

22. Das wahre Ich des Menschen

Der Jünger hört seinen Namen. „,...zu dem sprach der Herr in einem Gesicht: Ananias!" Hier erfüllt sich die alttestamentliche Verheißung: „Ich habe dich bei deinem Namen gerufen, du bist mein" (Jes. 43,1)! Der Angeredete bestätigt den Ruf, indem er sagt: „Hier bin ich, Herr." Auch Adam wurde einst von Gott beim Namen gerufen: „Adam, wo bist du?"(1. Mose 3,9).

Jetzt darf man sagen, nicht in eigener Kraft, sondern in der Freiheit des erlösten Gewissens, der begnadeten Seele: „Hier bin ich, Herr." Wir sind glücklich, wenn wir sagen können: „Hier bin ich!" Diese Aussage setzt jene soldatische Haltung voraus, die sich für den Streiter oder die Streiterin Jesu Christi gehört: Hier bin ich, an dem Ort, an den du mich hingestellt hast.

Dabei heben wir besonders das unscheinbare, aber wunderbare Wörtlein *ich* hervor. Dem gesprochenen Ich des Jüngers steht der Angriff auf das menschliche Ich und die Überheblichkeit unseres natürlichen Ich, d. h. der Egoismus in seiner groben wie in seiner subtilen Form, gegenüber. Erst der Jünger wird richtig sagen: Ich. Nur er kommt im eigentlichen Sinn „zu sich selber". Dies erinnert uns wieder an die Worte Spittas:

„Der Mensch hat bange Stunden,
viel unverstand'nen Schmerz,
wenn er dich hat gefunden,
versteht er erst sein Herz."

Erst wenn der Mensch von Gott gefunden wurde, versteht er auch sein Herz. Der erhöhte Herr ruft uns bei unserem Namen, bei unserer Persönlichkeit; er ergreift uns in der Einmaligkeit unserer Anlagen, unserer Führung, unserer Schwierigkeiten, unserer Lebensziele; in alledem spricht er: „Du bist mein."

Schon hier erkennen wir etwas von der Größe des echten Ichwerdens, das nicht weniger als ein Verwandeltwerden von Versehrtem in Unversehrtes ist. Zu solch einem Ich wurde Ananias im Hören auf das Unhörbare und Unerhörte, durch das Sehen auf das Unsichtbare, so wie es Paulus sagt. Wenn Ananias dann antwortet: „Hier bin ich", so enthalten diese Worte bereits die Antwort, die Petrus seinem Meister gab: „Herr, du weißt alle Dinge, du weißt, daß ich dich lieb habe." Das wahre Ich ist das liebende Ich.

Mit dieser Betrachtungsweise wurde auf einen der wichtigsten Wesenszüge des wahren Ich hingewiesen. In der Tiefe ist es nämlich einem anderen Ich, einem Du, letztlich dem höchsten Ich, dem höchsten Du zugeordnet. Der Jünger wird – eben dadurch, daß er Jünger ist – zu solch einem wahren Ich. Aber umgekehrt muß auch gesagt werden, daß erst das ganz zu sich selbst gekommene Ich den Weg der Jüngerschaft richtig gehen kann.

Wir kennen das Wort „Ichbezogenheit". Es ist für die seelische Haltung des heutigen Menschen charakteristisch. Unser Ich ist nicht nur dadurch bedroht, daß es aufgelöst, zermalmt, verneint wird, sondern auch dadurch, daß es an sich selbst gefesselt ist. Mit dieser Ichbezogenheit hängt notwendig eine andere Haltung zusammen, die unsere Sprache sehr anschaulich als „abweisend" bezeichnet. Dieser abweisende Zug prägt sich vor allem im Gesicht immer deutlicher aus. Nun hat ja eine abweisende Bewegung, ein abweisender Blick, ein abweisendes Wort gerade als Schutz des Ich oftmals seine hohe Berechtigung. Aber als Gesamthaltung ist das Abweisende in Angesicht, Lebensform, Gebärde und Wort dem Jüngersein und damit zugleich dem wahren Ich zuwider.

Daß Ananias „in ein Haus geht", ist jener abweisenden Haltung geradezu entgegengesetzt. Der Jünger, der in einen fremden Lebenskreis tritt, ist auch bereit, die Lasten, Schmerzen und Nöte auf sich zu nehmen, die von anderen auf ihn zukommen. Dabei liegt dann so etwas wie ein ferner

Abglanz von dem Wort des Meisters auf ihm: „Kommet her zu mir alle, die ihr mühselig und beladen seid, ich will euch erquicken." Das wahre Ich, das Ich des Jüngers ist nicht abweisend, sondern einladend und eben von daher erquikkend.

23. Der Segnende und der Sühnende

Nachdem Ananias, der in dieser Haltung „ich" sagen durfte, seine Angst vor dem Herrn ausgebreitet und von ihm die Antwort bekommen hatte, die ihn sicher seines Weges ziehen ließ, kam er in das Haus. Wie kam er? Dies wird mit den einfachen Worten beschrieben: „Und Ananias ... legte die Hände auf ihn und sprach: Lieber Bruder Saul, der Herr hat mich gesandt, Jesus, der dir erschienen ist auf dem Wege, da du herkamst; du sollst wieder sehend und mit dem Heiligen Geist erfüllt werden."

Wir stehen hier vor dem nur zu ahnenden, nie zu ergründenden, kaum in Andeutungen zu beschreibenden Wunder des Segnens. „Und legte die Hände auf ihn." Der Herr, der in seinem irdischen Leben erfahren hatte, was es heißt, wenn Menschen Hand an einen legen, der legt nun selbst seine rettende, seine tröstende, seine freudeschaffende Hand auf einen Menschen. Er beschlagnahmt ihn; damit wird das erfüllt, was jenes lateinische Wort für „Sklaverei" besagen will: „in die Hand bringen." Aber er tut es so, daß man darin Freiheit und Seligkeit findet.

Er gibt aber auch dem, den er in das Haus des Verfolgers, in das Haus des Betenden, in das Haus des Menschen sendet, der sehnsüchtig nach Führung Ausschau hält, die Kraft und die Vollmacht, damit er dem Kranken die Hände segnend auflegen kann. Dem Menschen, dessen äußerer Mangel und versagende Sehkraft nur ein Zeichen, nur ein Symptom für eine schwere innere Krise ist, darf Ananias die Hände heilend auflegen.

Wenn wir auf solche Weise den Weg des Ananias betrachten, seine Stellung, sein Stehen, seine Haltung, dann legt sich außer dem Wort „segnen" noch ein anderes nahe: das Wort „sühnen". Es ist uns wohl noch fremder als das erste. Sühne – wir erschrecken davor, wenn es auf menschliche Beziehungen angewandt wird. Es gibt aber *ein* Sühnopfer, vollkommen ausreichend und für alle Zeiten gültig; es ist einmalig und unwiederholbar. Das ist reformatorische Erkenntnis. In unseren Kirchen steht nicht auf gesticktem Parament: *sacerdos et eucharistia* – „Priester und Messe", sondern wir richten unsere Blicke auf den, der alle unsere Schuld gesühnt hat.

Und doch, wenn wir versuchen, tief in die biblischen Zusammenhänge einzudringen, nehmen wir wahr, wie gerade der Mensch, der gerechtfertigt worden ist, etwas Sühnendes bekommt, so wie auch der Gesegnete zum Segnenden werden darf. Für die Sühne ist das bewußte, freie, gehorsame Dazwischentreten bezeichnend; man tritt zwischen die Spannungen, zwischen die Lager, zwischen die unerhörten und menschlich untragbaren Situationen.

Ananias steht ein für die Verfolgten. Das entnehmen wir seinen Worten. Er steht aber zugleich ein für den Verfolger. Die Christenheit darf – wir wollen es mit aller Vorsicht aussprechen – in diesem Sinn Nachfolge Christi üben. Sie nimmt dann, wenn auch in Schwachheit, in Unvermögen, aber doch mit bewußtem Aufblick auf das einmalige Sühnopfer, die Haltung ein, die Jesus Christus eingenommen hat. Wir erinnern uns daran, daß eine der größten christologischen Aussagen mit dem Satz beginnt: „Ein jeglicher sei gesinnt, wie Jesus Christus auch war" (Phil. 2,5). Damit wird unser Denken zu jeder einzelnen Seele gelenkt, zu der Christus gesprochen hat: „Ananias" und die ihm geantwortet hat: „Hier bin ich".

Besonders in solch tragischen Lagen, in denen zwischen dem Helfen und dem Begehren nach Hilfe ein Widerspruch klafft, ist allein diese innere Haltung des Sühnens möglich. Auch im persönlichen Geschick, etwa im Ertragen der Folgen eines Versagens, einer Schuld oder Untreue, wird das Annehmen der Vergebung notwendigerweise von einer sühnenden Haltung begleitet. Sühnen heißt: bewußtes Bejahen einer verborgenen oder offensichtlichen, geringen oder großen Strafe, sei es für sich oder auch für andere.

Ohne eine biblische Begründung und Auslegung des Wortes „Sühne" kommen wir in all den Geisteskämpfen, in denen wir stehen, und in all den Aufgaben des Helfens nicht durch. So fremd uns der Begriff der Sühne zunächst scheint, so nahe ist er doch unserem Leben, der Wirklichkeit unseres Alltags.

Je mehr wir erkennen, daß es eine äußerlich unsichtbare, innerlich aber wirksame Hilfe gibt, um so deutlicher wird es: Hilfe hängt mit Sühne zusammen. Obwohl es vielen gar nicht bewußt ist, gibt es eine Aufopferung, die in die Nähe wie in die Ferne wirkt. Dieses Geheimnis der Aufopferung klingt schon im Buch Hiob an und zieht sich dann offen wie auch verborgen durch die Geschichte des Reiches Gottes. Kierkegaard hat dies besonders groß mit den Worten ausgedrückt: „Vollmacht üben in Kraft der Aufopferung." Auch für dieses Vollmachtüben in Kraft der Aufopferung darf uns Ananias ein Vorbild sein.

24. Das Anbeten – Zubereitung zum Helfen

Nähern wir uns im Blick auf unsere persönlichen Lebensverhältnisse im einzelnen der Frage, ob und wie wir diese Haltung des Helfens, diese „Ananiashaltung" gewissermaßen schulen können, dann gibt uns die Schrift wohl nicht nur die allgemeine Antwort, daß dies allein durch das Jüngersein geschieht. Es gibt noch andere Gesichtspunkte, von denen wir einige herausgreifen wollen.

Zubereitung zur Hilfe – wir könnten auch sagen: Zubereitung zur Seelsorge – geschieht durch Anbetung. Denken wir auch hier wieder an ein Lied Tersteegens: „Gott ist gegenwärtig, lasset uns anbeten." Wenn wir uns die ganze Bedrohung vergegenwärtigen, der unser Seelenleben und auch unsere Seelsorge in der modernen Welt ausgesetzt sind, dann wird uns das, was dieser Mann damals schon gesehen hat, um so größer.

Seelsorgedienst am anderen, ärztlich-priesterlicher Dienst ist nicht durch die äußeren noch so sicheren Verhältnisse gesichert, sondern er kann allein aus der Gegenwart Gottes strömen. Diese Gegenwart Gottes ist eine Wirklichkeit, ob wir sie in Anspruch nehmen oder nicht. Sie kann *für uns* nur dann eine Wirklichkeit sein, wenn wir uns *bewußt* in sie hineinstellen. Darum fügt auch Tersteegen zum Indikativ den Imperativ oder wenigstens die Einladungsform: „Gott ist gegenwärtig, lasset uns anbeten!"

Für Tersteegen war gerade dieses Wissen um die Gegenwart Gottes auch der Anstoß für seine Staatskritik, für seine Lehre vom echten Staat und für seine Warnung an den damals beinahe übermenschlich verehrten Herrscher. „Gott ist gegenwärtig, lasset uns anbeten." Tersteegen gehörte zu den prophetischen Menschen, die nicht nur einzelne Dinge vorausgesehen und vorausgelitten haben, sondern ganze Umwälzungen der Weltgeschichte und des menschlichen Bewußtseins. Wollen wir den Kampf gegen die zerstörenden Kräfte führen, die uns aus unserer Umwelt entgegenkommen, so kann das nur geschehen, indem wir dies verwirklichen: „Gott ist gegenwärtig, lasset uns anbeten!"

Von hier aus erkennen wir die seelsorgerliche Kraft des Sakraments. Diese Erkenntnis steht im Zusammenhang mit all dem, was wir mit dem Ausdruck „Meditation" bezeichnen. Im Lichte dieses Wortes ist unser Leben nicht nur dazu bestimmt, daß wir einen Weg gehen oder auf einen Weg gejagt werden, sondern daß wir es ganz bewußt von innen her führen und, soweit es möglich ist, ins Äußere übertragen.

Damit hängt eine Erkenntnis zusammen, die zunächst wohl etwas befremdend ist: Der scheinbar Weltferne ist der Helfende. Oder noch schroffer formuliert: Der Weltferne ist der im wahren Sinn Weltnahe. Dies eben gehört zu den großen Lehren der Mystik aller Zeiten. Es ist eines der hohen Erbgüter, die wir notwendigerweise gerade heute festhalten oder neu erringen müssen. Anbetung stärkt den inwendigen Menschen.

Dazu ruft uns Paulus auch ganz klar mit den Worten: „Seid stark in dem Herrn und in der Macht seiner Stärke" (Eph. 6,10). Weil er, der Herr, stark ist, darum dürfen auch wir stark sein und uns stärken lassen. Auch dies spricht Tersteegen in unserem Pilgerlied aus: „Er selbst will bei uns stehen bei jedem sauren Tritt." Gottes Gegenwart ist sein Bei-uns-Stehen, sein Beistand. „Er will uns machen Mut." In einer entmutigenden Welt ist er der *Er*mutigende. Er will „mit süßen Sonnenblicken uns locken und erquicken". „Quick" heißt: „lebendig"; „erquicken" heißt „lebendig machen". Darum dürfen wir sagen: „Ach ja, wir haben's gut." „Erquicken" weist nämlich auf die Notwendigkeit und Möglichkeit der Neubelebung hin.

Unser irdisches Leben, unser körperliches Dasein ist nicht nur beständig vom Tode bedroht, sondern es ist gewissermaßen auch von einem stetigen Sterben durchzogen, das nur in jedem einzelnen Augenblick durch das Wunder des Lebens aufgehoben wird. Diese Wirklichkeit des immer neuen Belebtwerdens darf nicht nur in unserem leiblichen Dasein, sondern erst recht am inwendigen Menschen erfahren werden.

„Erquicken" in diesem ursprünglichen und tiefen Sinn meint dann nicht nur die Lebenswirklichkeit der Krafterneuerung, sondern auch der Kraftverwandlung. Aufgrund der Krafterneuerung ist unser Leben ja Kraftverwandlung. In irgendeiner Weise wird beständig von innen nach außen und von außen nach innen, von oben nach unten oder von unten nach oben Kraft umgesetzt und verwandelt. Die Frage ist nur, *wie* das geschieht. Wenn Gott einen Menschen erquickt, dann führt er ihn auf den schmalen, schlichten, aber doch wunderbaren Weg, auf dem die rechte Kraftverwandlung möglich ist.

25. Helfen und Verstehen

In einem Roman wird dem Helden, einem jungen Studenten, gleichsam als Aufschrei seiner Seele das Wort in den Mund gelegt: „Die Helfenden verstehen nicht und die Verstehenden helfen nicht." In dieser Allgemeinheit ist dieses Wort wie jedes summarische Urteil dem Irrtum nahe. Daß in ihm aber eine Not zum Ausdruck kommt, wird wohl nicht bestritten werden dürfen. Nur da, wo Helfen und Verstehen das schöpferische Bündnis schließen, wird wirklich Leben gerettet und gestärkt.

Nun verhält es sich mit dem Wort „verstehen" ähnlich wie mit dem Wort „helfen"; es kann wie dieses nur formal gebraucht werden. Die Frage ist: Was soll der Helfende verstehen? Die menschliche Natur überhaupt, das Leben, die Geschichte oder die einzelne Seele? Dies alles greift schon so eng und unmittelbar ineinander über, daß die Frage nach dem Verstehen, nach den Grenzen und Möglichkeiten, nach den Aufgaben des Verstehens in ein uferloses Gebiet führt.

Deshalb beschränken wir uns an dieser Stelle auf ein Problem, das uns immer wieder beschäftigt. Es ist das Verhältnis zwischen Psychotherapie und Seelsorge. Das Wort „Psychotherapie" wie auch das ihm nahe verwandte Wort „Psychiatrie" ist überaus tief. Beide Ausdrücke bedeuten Seelenheilkunde, Seelenarzneilehre. Über der Klosterbibliothek von St. Gallen steht das Wort *„psyches iatreion“* – „der Seele Arzneikammer“. Die Menschen, die dieses Wort über jene Bibliothek schrieben, dachten also, das Lesen der heiligen Bücher sei die wahre Seelenbehandlung, die echte Psychiatrie und Psychotherapie.

Nun besteht unter uns ja wohl Einstimmigkeit darüber, daß der Psychotherapie im heutigen Sinn, verglichen mit der Seelsorge, eine relative Bedeutung zukommt. Wo diese aufgehoben wird, ist es möglich, daß die Beziehung der Seele zum lebendigen Gott gelöst wird. Aber dies braucht nicht zu geschehen. Psychotherapie kann auch eine Brücke zu tiefsten geistlichen Erkenntnissen schlagen.

Dies können wir anhand des Hinweises veranschaulichen, daß unsere heutige Sprache – viel mehr als wir uns zuweilen klarmachen – von Ausdrücken und Vorstellungen durchzogen ist, die aus der Welt der modernen Psychiatrie und Psychoanalyse genommen sind. Die Psychoanalyse ist eigentümlicherweise fast genau mit dem Beginn des Jahrhunderts in das moderne Leben eingetreten. Wir erinnern nur an die Worte „Verdrängung“, „Bindung“, „Übertragung“, „Sublimierung“, „Komplex“, „Minderwertigkeitsgefühle“ und – an das am meisten mißbrauchte Fremdwort – „abreagieren“.

Mit dem Hinweis auf diesen Tatbestand soll ja nicht gefordert werden, daß wir alle so etwas wie Psychiater werden sollen. Trotzdem aber müssen wir uns mit den Grundanschauungen der modernen Seelenheilkunde befassen, einfach weil diese zu den Gegebenheiten unseres gegenwärtigen Lebens gehören und zu Elementen unserer Sprache und unseres Denkens geworden sind. Diese Elemente haben wir, soweit es uns möglich ist, zu klären und ins Bewußtsein zu heben.

Die geistesgeschichtliche Bedeutung der Psychoanalyse kann nicht hoch genug eingeschätzt werden. Wir haben in ihr eine grundsätzliche Überwindung des Materialismus vor uns. Daß hinter dieser Entwicklung das Denken der Allgemeinheit mindestens um ein halbes Jahrhundert zurückgeblieben ist und in so weitem Abstand folgt, ist ein Phänomen für sich, berührt uns aber in diesem Zusammenhang nicht. Wir stehen vor der Tatsache, daß die Seele wieder ernstgenommen wird. Gleichzeitig freilich ist die neue Bewegung von ihren Ursprüngen her trotz allem so schwer materialistisch belastet, daß ein nur noch schwer zu ordnendes Gewirr entstanden ist.

Von hier aus ist der unüberwindliche Widerstand des Christen gegen die Psychoanalyse so gut zu verstehen. Und doch – auch dies gehört zu den Zeichen unserer Zeit – enthalten solche Bewegungen Wahrheitsmomente, denen wir uns nicht verschließen *können*. Licht und Schatten zu scheiden – das war und ist eine der großen Aufgaben, die jeder von uns nur auf seinem Gebiet lösen kann. Es ist nicht gesagt, daß dies vor allem in theoretischer Arbeit zu geschehen hat. Wer sich klar vom Neuen Testament leiten läßt, der findet in den einzelnen Fragen, Zusammenhängen und Lebensschicksalen doch den einen Weg, der mitten zwischen den Abgründen, mitten zwischen den Bedrohungen hindurchführt.

26. Die Bedeutung des eigenen Erlebens

Gewiß haben wir schon alle irgendwie das Wort gehört: „Was man nicht selbst erlebt hat, kann man nicht verstehen.“ Wenn wir es bewußt auf uns wirken lassen, empfinden wir etwas Doppeltes. Wir nehmen wahr, daß es einerseits etwas Richtiges enthält und daß sich andererseits etwas in uns gegen diese Verallgemeinerung wehrt. Woher kommt das? Hier stehen wir vor der Aufgabe, das schon früher erörterte Wort „erleben“ neu zu deuten.

Vergegenwärtigen wir uns beispielhaft eine der größten Gestalten aus Literatur und Geistesgeschichte: Friedrich

Schiller. Seine Beschreibung des Meeres im „Taucher" gilt nicht nur unter sprachlichem, sondern auch unter sachlich-naturgeschichtlichem Gesichtspunkt als eine der hervorragendsten deutschen Dichtungen. Die Meeresbrandung hat keiner so beschrieben wie er. Man sollte darum denken, er habe sie wirklich äußerlich erlebt. Aber dies ist nicht der Fall. Niemals war es ihm vergönnt, das Meer zu sehen. Die Beschreibung des Meeres geht auf Beobachtungen zurück, die er an lieblichen Bächlein bei stillem Geplätscher gemacht hat.

So hat er ja auch als Dichter des Wilhelm Tell den Vierwaldstätter See nicht einmal von ferne gesehen. Alles was er davon wußte – und er hatte eine genaue bis ins einzelne gehende Kenntnis –, entnahm er den nach heutigen Verhältnissen recht primitiven Landkarten, die er in seinem Arbeitszimmer aufgehängt hatte.

Nicht nur der Blick auf eine Gestalt wie Schiller, sondern auch die Erfahrung der Alltäglichkeit läßt uns die Frage stellen: Wo kämen wir hin, wenn wir nur das verstehen könnten, was wir in der Sphäre des Äußeren selbst erlebt haben? Wir werden hier unweigerlich auf das Problem des inneren Erlebens geführt, das freilich nichts mit den unser heutiges Dasein beherrschenden Kategorien des Gewaltigen, des Monumentalen, des Großartigen zu tun hat. Vielmehr beinhaltet das Wort „erleben" zugleich die Aufgabe des bewußten Erleidens, Aneignens und Verarbeitens äußerer Eindrücke. Je ernster diese Aufgabe genommen wird, um so besser kann sie das Verstehen zunächst im Bereich der eigenen Lebenswirklichkeit schulen und vertiefen. Und daraus darf dann das werden, was wir hier als „schöpferische Phantasie" im Gegensatz zu dem bezeichnen möchten, was wir allgemein unter „Phantasie" verstehen, dem nur Unwirklichen, Scheinbaren oder gar Irreleitenden und Verderbten.

Dies aber führt sogleich und unmittelbar, vielleicht auch unbewußt zu einem Verstehen auch anderer Lebenswirklichkeiten, selbst solcher, die äußerlich gesehen der eigenen durchaus nicht konform sind. Es wird z. B. möglich, was ja von der äußeren Wirklichkeit her immer schwieriger wird, daß Menschen über Generationen hinweg einander verstehen. Daß hier die Verständnismöglichkeiten, Verständnisbrücken immer mehr abgebrochen werden, wissen wir. Sie lassen sich nicht künstlich wieder errichten, aber durch die Kraft der Anbetung und des echten eigenen Erlebens können sie zurechtgebracht werden. Ähnliches gilt beim Einfühlen in die Seelen von Menschen anderer Völker, in die innere Struktur des anderen Geschlechts, in die Haltung eines anderen Berufsstandes usw.

Die große Bedeutung des Leidens für die Erkenntnis ist hier offenkundig. Leiden als ein bewußtes Erleben stellt die stärkste Anforderung an den Menschen. Nun gehört es zu unserer menschlichen Freiheit, daß wir auch gegenüber dieser stärksten Anforderung Nein sagen können. Wir wissen alle, daß Leiden einen Menschen keineswegs in jedem Fall vertieft. Oft macht es ihn oberflächlich. Jede Krankenschwester kennt entsprechende Beispiele. Leiden braucht einen Menschen nicht für andere aufzuschließen, sondern es kann ihn egozentrisch oder gar egoistisch machen. Es ist nicht gesagt, daß jemand, der selbst krank war oder ist, andere Kranke dadurch besser versteht. Erstaunlicherweise kann sich ein Gesunder oft besser in einen Kranken hineindenken.

In jeder Form aber bedeutet Leiden, daß die Kraft der Persönlichkeit auf die große Geistesprobe gestellt wird, daß die entscheidende Frage an das Ich lautet, ob es aus der Erstarrung, aus dem Gefesseltsein an sich selbst herauszukommen und in die Lebenswirklichkeit, zu der es Gott berufen hat, hineinzutreten vermag.

Von hier aus wird es verständlich, daß dem helfenden Menschen in irgendeiner Weise von Gott etwas Leidvolles zugeordnet ist. Auch dies hat Tersteegen in seinem Pilgerlied ausgesprochen. Im dritten Vers heißt es:

„Geht der Natur entgegen,
so geht's gerad und fein!"

Eine andere Formulierung lautet: „Gehts der Natur entgegen." Obwohl sie eine Wahrheit enthält, fehlt in ihr doch der Hinweis auf die bewußte Entscheidung, auf die große Möglichkeit des Ja- oder Neinsagens zu dem, was Gott uns gibt oder nimmt.

Eben damit hängt es zusammen, daß ein Mensch je mehr er bewußt erlebt, sich in einen anderen hineinzudenken vermag. Was liegt doch in diesem schlichten Ausdruck unserer Sprache „sich hineindenken" für ein Wunder! Gewiß gibt es ein falsches Sichhineindenken, eine Selbstprojektion in einen anderen Menschen, die zur falschen Identifizierung oder gar zum Beziehungswahn führen kann. Aber das alles sind Entartungserscheinungen. Wie groß ist es doch in einer Zeit, in der jene Menschen seltener werden, die „etwas übrig haben" für andere, das Sichhineindenken in andere zu üben.

27. Die Ordnung des persönlichen Lebens

Mit der Frage des bewußten Erlebens ist eng die Ordnung des eigenen Lebens durch den Geist Gottes als Problem verbunden. Auch im Kleinen, einzelnen und Persönlichen muß immer wieder aus dem Chaos der Kosmos erstehen, das Licht aus der Finsternis hervorleuchten und das Versehrte unversehrt werden. Der Seelsorger, überhaupt der helfende Mensch muß, so dürfen wir sagen, innerlich den Rücken frei haben. Er darf innerlich nicht von Dingen verklagt werden, die als Belastung, als Schuld, als Not von außen auf ihn zukommen. Er muß frei von diesen Dingen sein und über ihnen stehen.

Dies steht fest und ändert nichts an der Tatsache, daß wir

alle Sünder sind – leider gebrauchen wir diese Erkenntnis sehr oft am falschen Ort! – und daß wir in allem Entarteten unsere verdorbene Natur, unsere eigenen Neigungen und Anlagen wiedererkennen. Dieses Wiedererkennen darf allerdings nicht mit einem bewußten Angeklagtsein verwechselt werden, das gleichsam den Verlust der Gralslanze zur Folge hätte, die zugleich die Achse der Persönlichkeit und der Welt ist.

Die Frage der Vollmacht nimmt in der Seelsorge eine überaus wichtige Stelle ein. Dies gilt unter einem doppelten Aspekt. Der Christ wird, wenn wir es zeitlich so ordnen dürfen, gewiß schon zu Anfang mit Vollmacht zum Dienst ausgerüstet; wir dürfen aber auch daran denken, daß sein Leben während des Dienstes immer neu belebt werden muß, daß es um ein stetes, fortgehendes Ausscheiden der Todeskräfte geht. Je mehr dies auf die seelisch-geistigen Bezirke übertragen wird, um so mehr muß dieses Ausscheiden bewußt geschehen, während es im körperlich-vegetativen Dasein unbewußt vor sich geht.

Hier ist die Stelle, an der wir die Frage der Belastung und Entlastung zu stellen haben. Wieder einmal kann hier von seelischer Ansteckung im weitesten Sinn geredet werden. Wie oft werden doch gerade Menschen, denen Vertrauen entgegengebracht wird und die deshalb viel Schuld zur Kenntnis, ja auf ihr Herz nehmen müssen, irgendwie innerlich infiziert. Aber auch dort, wo das nicht geschieht, wo es sich etwa um Gemütsbedrückungen oder auch körperliche Krankheiten handelt, geht doch leicht eine Macht vom Schweren, Belastenden, die eine Seele erstarren läßt, über auf den, der helfen will.

Dadurch entsteht eine ganz besonders kritische Situation. Einmal könnte der Wunsch vorhanden sein, sich mit jemandem über ein Problem auszusprechen, sich vor anderen von etwas zu entlasten. Wenn dieser andere nämlich nicht vorhanden ist oder keine Zeit hat oder wenn die Bedrohung schon so weit fortgeschritten ist, könnte es sein, daß man nicht mehr die Kraft oder den Mut hat, von sich selber zu reden. Zum anderen aber kann ein Mensch gerade dann, wenn er seelisch fein und tief empfindet, im Augenblick des Belastetseins zuweilen folgenden Schluß ziehen. Es ist genug, daß *ich* diese Last zu tragen habe; ich will nicht noch einen anderen belasten.

Dieser Schluß ist psychologisch sehr verständlich, aber er ist einer der gefährlichsten Trugschlüsse, die es auf diesem Gebiet geben kann. Daß man eine Not so in sich verschließt, hilft niemandem. Auch hier kann Gott – das sei ausdrücklich gesagt – unmittelbar selber eingreifen und helfen, den „Überfluß" schenken und denen „die Vateraugen" zuneigen, „die nirgend sonsten finden Ruh". Vielleicht sollen wir aber auch die Gemeinschaft in Anspruch nehmen, in die wir gestellt sind –, allerdings im Sinne gegenseitiger Hilfe, ohne daß daraus eine weitere Belastung für sie entsteht. Das Wort „gegenseitig" ist hier ganz besonders zu betonen.

Wenn wir diesem Zusammenhang noch etwas weiter nachgehen, wenn wir unserem Seelenleben auf die Spur kommen wollen, ertappen wir uns zuweilen auf einem besonders erschreckenden Gedankengang. Es könnte nämlich sein, daß in den verborgenen Tiefen unserer Seele gerade im Zusammenhang mit dem Helfen ein furchtbarer Gedanke ruht. Ihn könnten wir in die Worte fassen: Geholfen muß werden, aber nur wenn *ich* helfen darf. In ihnen verbirgt sich die Eifersucht; der Anlaß dafür ist allein schon die Möglichkeit der Hilfe von anderer Seite.

Es ist möglich, daß unter den Entsagungen, die das Leben der Seele zumutet, also ihrem Mut zutraut, auferlegt, überläßt, der Verzicht auf das Helfenkönnen und Helfendürfen zu den schwersten gehört. Aber gerade hier offenbart es sich neu, daß der Verzicht adelt, reich und schön macht. Oder gibt es einen höheren Adel, einen edleren Reichtum, eine reinere Schönheit als im Wesen des Verzichtenden? Auch diese Erkenntnis gehört zur Ordnung des eigenen Lebens.

28. Erfahrung und Enttäuschung

Wilhelm Raabe schreibt einmal das Wort: „Das sind die wahrhaft Weisen, die durch Erfahrung nicht klug werden." Dieses Wort läßt uns zunächst stutzig werden, dann müssen wir lächeln, dann bringt es uns zum Nachdenken. Gerade dies aber scheint die Absicht des Dichters zu sein. Zunächst möchten wir fragen: Wozu sonst wäre uns Erfahrung gegeben, wenn nicht eben dazu, durch sie klug zu werden?

Nun aber wissen wir, welch einen Doppelklang das Wort „klug" hat und daß Wilhelm Raabe, der große Menschen- und Sprachkenner, jenen schillernden, gefährlichen Klang, den das Wort auch hat, recht wohl heraushörte. Klug werden kann man eben auch in dem Sinn, daß einem die Kräfte des Getrostseins, des Zutrauens, des Wagemuts schwinden. Da können wir etwas hören – vielleicht sogar in unserem eigenen Herzen –: Ich habe zuviel erlebt, um dies oder jenes noch einmal zu wagen! Ich habe zuviel gesehen, um dies oder jenes oder diesem oder jenem noch einmal zu glauben! Hier hat die Klugheit des Enttäuschten, ja die Enttäuschung des Klugen über die Seele Macht gewonnen.

Auch die Enttäuschung ist als ein Stück Leiden in die großen Geistesproben unseres Lebens einzuordnen. Vielleicht trägt noch ein anderer Vorgang zur Enttäuschung bei, nämlich das Älterwerden, das ja nicht unbedingt etwas mit dem des Altwerdens zu tun haben muß. Es liegt in der Natur der Sache, daß mit dem Älterwerden die Zahl der Enttäuschungen zunimmt. Aber auch dieses Älterwerden im Sinn der abnehmenden Kräfte und der drohenden Verbitterung – denn die Zunahme des Alters bringt schon rein körperlich gesehen etwas Bitteres mit sich – gehört zu den innersten Aufgaben unseres Lebens. Wenn die Kraft verbraucht wird, nicht einmal verschwenderisch im unguten Sinn, sondern weil vielleicht der Dienst sie aufzehrt, wenn die Kräfte müde werden – dann droht die Gefahr, aus der Erfahrung im falschen Sinn klug zu werden. Davor wollte Wilhelm Raabe mit jenem Wort warnen.

Fällt uns nicht auf, daß in unserer Welt die „älteren" Gesichter immer seltener werden, die Güte, Abgeklärtheit, Harmonie, umfassendes Verstehen ausstrahlen? Gegen welch eine Woge der Bitternis, ja der „Klugheit" muß heute angekämpft werden! Ihr dürfen wir die allezeit geltende Verheißung entgegenstellen: „Der deinen Mund fröhlich macht, und du wieder jung wirst wie ein Adler" (Ps. 103,5). Solch fröhliches Wiederjungwerden heißt ja nicht, daß die Kraft des Leibes und der Nerven immer so bliebe; der Psalmist will vielmehr sagen, daß uns gerade im Schwinden und Verzehrtwerden der Kräfte, die besonders in der Begegnung mit Menschen aufgebraucht werden, Erneuerung, ja wahre, frohe und frohmachende Erquickung zugesagt und verheißen ist. Also können wir gerade im Älterwerden getrost mit dem Dichter bitten:

„Richt' auf die lassen Hände
und stärk' die müden Knie
und sage mir am Ende:
Die Seligkeit ist hie!"

29. Geborgenheit

Zu den Kennzeichen unserer Zeit gehört eine unerhörte Sehnsucht nach Geborgenheit. Wir können sie als die Kehrseite oder die Folge einer Heimatlosigkeit betrachten, die man bisher in diesem Ausmaß nicht gekannt hat. In dem Wort „Flüchtlingselend" ist beides enthalten: Heimatlosigkeit und Sehnsucht nach Geborgenheit. Dabei haben wir uns allezeit die Tatsache zu vergegenwärtigen, daß auch die Menschen und Völkerschicksale, die solche Geschehnisse äußerlich nicht erleiden mußten, in der Tiefe davon berührt sind. „Ach, nur ein wenig Geborgenheit", spricht eine Gestalt in einem unserer Filme. Es scheint so, als ob sich entgegen dem äußeren Anschein die Heimatlosigkeit, die Ungeborgenheit und damit auch jenes Heimweh nach Geborgenheit geradezu der menschlichen Seele bemächtigen.

Was aber die menschliche Seele in der Tiefe ersehnt, ist ein Geborgensein, das sich im Grunde nicht auf das Äußere beschränkt. Es können schon äußere Sicherheiten dazu beitragen; es ist aber auch möglich, sie zu entbehren. Das Entscheidende jedenfalls ist, daß von diesem so ersehnten Geborgensein bergende Kraft ausgeht. Darum verschließt es nicht Türen, sondern öffnet sie. Ja, es vermag noch solche Türen zu öffnen, die endgültig verschlossen erscheinen. Nicht umsonst hat das Wort „bergen" diese große Spannweite; es schließt sowohl den Arm der Mutter ein, die zärtlich das Kind hält, trägt und schützt, wie auch das rettende Tun der Männer, die am sturmflutbedrohten Strand ihr Leben einsetzen, um das vom Tode Bedrohte – zu bergen. Der helfende Mensch ist der bergende Mensch.

30. Der Tropfen auf dem heißen Stein

Aber wenn diese bergenden Kräfte auch in einem Menschen entbunden werden, bedeutet dies dann nicht „nur einen Tropfen auf einem heißen Stein"? O welch ein wahres Wort ist dies! Aber auch – welch ein unwahres Wort! Was vermag alles zu liegen in der von uns oft so gedankenlos gebrauchten Redewendung vom Tropfen auf dem heißen Stein: Bescheidenheit oder Verzagtheit, Trauer über die eigene Machtlosigkeit und vieles andere! Immer aber wird wohl ein Klang des Entmutigtseins mitschwingen. Das große Mißverhältnis zwischen Not und Hilfe liegt in dem Wörtlein „nur". Wie anschaulich ist sodann das Bild vom zischenden Vergehen des kühlenden Tropfens auf dem wie von Höllengluten erhitzten Stein!

Dies aber gehört zum Wesen des helfenden, des wahrhaft bergenden Menschen, daß er sich bekennt zum Gesetz vom Tropfen auf dem heißen Stein. Es ist ihm genug, zu tun und zu sein wie dieser Tropfen. Er will auch in diesem Sinn „geduldig sein im Verborgenen"; er liebt auch hier das Unscheinbare. Ja er liebt noch das Bild vom raschen Verzehrtwerden der helfenden Kühle auf der heißen und harten Wirklichkeit. Auch darin nämlich liegt nicht nur die Not, sondern auch die Größe und Verheißung der herbstlichen Welt. Nur in der äußeren Wirklichkeit nämlich vergeht der Tropfen. Im Inneren, in der geistigen Welt, vollzieht sich hier eine Umwandlung. Auch über diesem Tropfen wird es einmal heißen: „Ich bin durstig gewesen, und ihr habt mich getränkt!"

Was sich hier wirklich vollzieht, hat Kierkegaard ohne Bild so ausgesprochen: „Im Verhältnis zu dem seelisch Kranken heißt Arzt sein: selber leiden wollen. Wer nicht diese demütige Hingabe, Geduld, Liebe hat, das Leiden aushalten zu wollen, dienend sich in den andern zu versetzen, der heilt keinen. Der Arzt aber, der in dieser Weise willig ist, mehr als der Kranke zu leiden, heilt viele."

31. Hilflosigkeit, Grausamkeit und Selbsthilfe

Bei unseren Erwägungen wurden wir mehrfach auf das Wort „Hilflosigkeit" geführt. Vielleicht gehört es zu den dämonischen Zügen unserer Zeit, daß dieses Wort immer schillernder wird. Da ist vor allem an die furchtbare Tatsache zu denken, daß immer mehr Kinder heranwachsen, ohne wahre Hilfe zu kennen. Dies wird sicher nicht harmloser, wenn wir sie durch Nachlässigkeit oder Beschämung oder auch durch stilles Dulden verdecken. Nur einige beliebige Beispiele sollen dies erläutern.

Vor den Schranken des Gerichts steht eine junge Frau; sie ist des Mordes angeklagt. Die Motive sind nicht klar; auch der Charakter der Frau will nicht zu der furchtbaren Tat passen. Es wird ein Psychiater hinzugezogen. Ihm erschließt sich folgender Zusammenhang: Die Angeklagte hatte erst als Erwachsene zum erstenmal in ihrem Leben gesehen, wie eine Mutter ihr Kind küßte. „In diesem Augenblick", so sagte sie zu dem Arzt, „wurde ich böse." Welch ein furchtbares Geschehen ist hierfür verantwortlich. Viel zu spät, und leider zuerst noch an einem anderen Geschick, hatte diese junge Frau wahrgenommen, was Lebenshilfe im tiefsten Sinn bedeutet. Für die Entbehrungen ihrer Kinderjahre rächte sie sich, indem sie im wahrsten Sinne des Wortes „böse wurde".

Das folgende Geschehen kann zunächst unter ähnlichem Gesichtspunkt betrachtet werden: Ein Waisenkind wird an seinem achtzehnten Geburtstag zum ersten Mal im Leben von einer mütterlichen Freundin, der Schwester ihres Konfirmators, wirklich liebkost. Bis dahin hatte das Mädchen nicht gewußt, daß es dies überhaupt gab. Anhand dieses Geschehens aber wurde es in seinem Wesen zum Helfen motiviert. In diesem Fall führte die Hilflosigkeit nicht dazu, daß eine Seele „böse" wurde, sondern es wurden im Gegenteil die Kräfte des Helfens wachgerufen.

Diese so schicksalhafte Hilflosigkeit wirkt sich in verschiedensten psychologischen Zusammenhängen aus. Einer der furchtbarsten ist der zwischen Hilflosigkeit und Grausamkeit. Wenn sich im Dasein eines Menschen die Hilflosigkeit offenbart, wird er möglicherweise nicht nur selber böse, sondern vermag eben dadurch auch das Böse in einem anderen zu wecken. Wie viele Kindertragödien haben hier ihren Ursprung!

Anhand dieser Tatsache könnte eine Psychologie des Spottes und des höhnischen Gelächters geschrieben werden!

Aber diese Tragödien beschränken sich nicht nur auf das Kindesalter, sondern gehen weit darüber hinaus und berühren das Wesen der Grausamkeit überhaupt. Unter der Überschrift „Rundmarsch der Gefangenen“ schreibt Albrecht Haushofer in einer seiner „Moabiter Sonetten“:

„Als Herrscher aller dieser grauen Bahnen
steht einer draußen, den die Lust erfüllt,
wenn andere leiden, einer der noch brüllt,

wenn andre schweigend schon die Wandlung ahnen,
die aus den Gräbern sprossend längst beginnt,
bevor sie rot in rote Ströme rinnt.“

Hier wird nur eine der vielen Formen beschrieben, unter denen die Hilflosigkeit eines anderen Menschen ausgenützt werden kann. Wie sehr wir dadurch erneut in ein Zeitalter der Sklaverei getreten sind, das vielleicht schlimmer ist als jedes frühere, brauchen wir nicht ausdrücklich zu erwähnen.

Eine andere Linie führt von der Hilflosigkeit zu irgendeiner Form der Selbsthilfe. So fremdartig es auch klingt – jenes Verbrechen der zuerst erwähnten jungen Frau war letztlich eine Art Selbsthilfe. Andere Formen der Selbsthilfe können dann sogar zur Zerstörung der Persönlichkeit führen. Um der Wichtigkeit der Sache willen sei hier nur der Zusammenhang zwischen Liebesverarmung und sexueller Entartung erwähnt.

Das Wort „Hilflosigkeit“ können wir aber auch im Sinne einer schwindenden Hilfsbereitschaft verstehen. In einem Aufsatz, der den Titel trägt: „Schwesterndienst und Diakonie“, werden die wichtigsten Thesen in den beiden Sätzen zusammengefaßt: „In der ganzen Welt drohen die dienenden Berufe auszusterben.“ Und: „Es mangelt an der Dienstbereitschaft des Menschen überhaupt.“ Als Folge stellt sich naturgemäß eine Überforderung und Veräußerlichung ein. Alles Geistige, Innerliche kann von daher auch in der Diakonie verkümmern. So ist es paradoxerweise möglich, daß gerade innerhalb eines Berufskreises, der seinem Wesen nach dem Helfen gewidmet ist, vergessen wird, was Hilfe in Wirklichkeit bedeutet. Die innere Not, die hier zum Ausdruck kommt, ist unermeßlich.

32. Vorbilder der Hilfe

Man wird stark an großen Aufgaben, an großen Widerständen und an großen Vorbildern. Dies muß aber nicht unbedingt so sein. An diesen drei Gegebenheiten kann man auch zerbrechen. Sie sind ja immer wieder Entscheidungsphasen innerhalb unseres Lebensweges. Dennoch sind sie uns in einer tiefen Weise zur Stärkung und Erneuerung der Kraft gegeben. Dies gilt gerade im Blick auf alles Helfen. Hier bedürfen wir der großen Aufgabe, der großen Widerstände, der großen Vorbilder.

Bei dem letzten Wort wollen wir einen Augenblick bleiben. Wie sehr sucht der Mensch nach Vorbildern, die ihm sozusagen „vorschweben" können. Vielleicht denken wir hier zuerst an den jugendlichen Menschen. Wieviel Jugendleid ist letztlich auf ein fehlendes Vorbild oder auf ein Enttäuschtwerden durch ein Vorbild zurückzuführen. Möglicherweise gehen sogar alle Mangelerscheinungen im echten Liebeserleben auf das Enttäuschtsein am Vorbild zurück. Auch alle jene Schicksale, die gleichsam nach Verständnis hungern müssen, lassen sich hier einbeziehen. Daher ist es eine glückliche Führung des Lebens, wenn einem Menschen ein Vorbild, noch dazu ein Vorbild des Helfens begegnen darf. Zu diesem Ereignis gehört dann auch das, was Tersteegen im Blick auf den schmalen Weg sagt:

„Wir gehen Hand in Hand,
eins freue sich am andern
in diesem fremden Land!“

Ist nicht bereits mit der Einladung „eins freue sich am andern“ jene Sehnsucht nach dem Vorbild erfüllt? Wahre Freude am Menschen entsteht nur dann, wenn einer am anderen hinaufsehen kann. Aber auch das echte Nebeneinander ist hierfür wichtig. Wie schlicht und anschaulich sagt Tersteegen: „Wir gehen Hand in Hand.“ In einem gewissen Sinn können wir wohl auch nicht *mehr* geben als eben – die Hand. In diese Geste ist sämtliches Geben zusammengefaßt, darin findet es seinen Ausdruck.

Jenes Vorbild im Helfen kann auch am Lebensbild eines Vorangegangenen erlebt werden. Dieses Erlebnis braucht nicht auf eine menschliche Begegnung im unmittelbar irdischen Sinn beschränkt zu sein. Am Ende eines der inhaltsschwersten Bücher Kierkegaards, „Leben und Walten der Liebe“, findet sich das Wort: „Schreibe! Für wen? Für die, die du in der Vorwelt lieb gehabt hast.“ Es ist so rätselhaft, daß wir es nicht erklären können. Aber dies ist gewiß: Es gibt ein Liebhaben in die Vorwelt hinein. Auch über dem Abgrund der Jahrhunderte muß Tersteegens Mahnung beachtet werden: „Eins freue sich am andern in diesem fremden Land!“

Wir dürfen daran erinnern, daß in dem Geisteserbe – fast möchte man sagen: in den Lebensbildern – der Christenheit Kräfte brachliegen, die wir nicht nur erschließen dürfen, sondern eigentlich müßten. Zu der geistigen Verarmung, die unsere Zeit kennzeichnet, darf nicht auch noch solch eine geistige Veruntreuung kommen.

33. Bereitbleiben für den anderen

Auch hier mag der Satz gelten: Der weltfern Scheinende ist in Wirklichkeit der Weltnahe. Wer Menschen in der Vorwelt lieb haben kann, vermag ihnen auch in der Gegenwart so zu begegnen, wie es das Neue Testament will. Bereitbleiben für den anderen, für den Nächsten, das heißt zunächst – wir sprechen es mit Vorbehalt aus –: Zeit haben. Wer hat schon Zeit, und dann auch noch für andere?

Es ist wohl jedermann klar, daß die Zeit nicht nur mengenmäßig gemessen werden kann, sondern auch eine innere Haltung ausdrückt. Jene Tatsache, daß wir äußerlich überlastet sind, bleibt bestehen. Sie ist uns weithin als Aufgabe, Last und Leid verordnet. Auch wenn dieses Bedrängtsein aufgehoben würde, hätten wir nicht ohne weiteres Zeit für andere. Aber wir dürfen wissen, daß zuweilen mitten im Bedrängtsein echtes Zeithaben möglich ist. Daran zeigt sich das innere Bereitsein, das Hörenkönnen, das Interesse am anderen, an dem uns so vieles hindern will. „Interesse" haben bedeutet wörtlich übersetzt: mitten in dem zu sein, was der andere sagt, meint und ist.

Zum Hörenkönnen gehört auch die Bereitschaft, sich mitzuteilen. Paulus schreibt in 1. Thessalonicher 2,8 jenes eigenartige Wort: „So hatten wir Herzenslust an euch und waren willig, euch mitzuteilen nicht allein das Evangelium Gottes, sondern auch unser Leben, darum daß wir euch liebgewonnen hatten." Was ist das für eine Reihenfolge, noch dazu in einem apostolischen Brief! Müßte es nicht heißen: ...nicht nur unser Leben, sondern auch das Evangelium Gottes?

Aus dem Gedankengang des Paulus ist in keiner Weise ersichtlich, daß die Mitteilung seines Lebens gegenüber der Mitteilung des Evangeliums noch etwas Zusätzliches sei. Aber es wird eindeutig ausgesprochen, daß dieses Mitteilen von Persönlichem zu seinem helfenden Dienst gehört, bei aller Gefährdung, die es nach jeder Richtung mit sich bringt. Ein Tropfen Herzblut gehört irgendwie dazu.

Diese Mitteilungsfreudigkeit des helfenden Menschen muß allerdings *eine* unbedingt zu respektierende Schranke haben. Diese ist gegeben durch die Zuversicht der Vertrauenden, daß Anvertrautes nicht weitergegeben wird. Wieviel hier zerstört wird, ja schon ist, kann einen immer wieder neu erschüttern. Aber diese Erschütterung ist nur dann hilfreich, wenn sie dazu führt, daß man sich vor Gott entschließt, jene dreifache Haltung miteinander zu verbinden: die Bereitschaft zum Hören, die Bereitschaft zum Mitteilen, auch des eigenen Herzblutes, und die Bereitschaft, unbedingt dort zu schweigen, wo die Grenze gegeben ist.

Hermann Oeser, der badische Dichterphilosoph, beschreibt eine Szene, in der von weither beobachtet wird, wie jemand an einer gefährlichen Bergstelle vom Absturz bedroht ist. Es sind zwei Beobachter; der eine macht den anderen auf dieses Unglück aufmerksam; aber der sagt: „Ich höre nichts." Der erste erwidert: „Wie kann man das überhören?" Der andere antwortet: „Ich sehe nichts." Darauf fragt der erste: „Wie kann man das übersehen?" Und der andere sagt: „Ich fühle nichts." Nach einer Pause entgegnet dann der erste: „Wie kann man so etwas nicht fühlen?" Was für eine eigentümliche Steigerung: „Wie kann man das überhören? Wie kann man das übersehen? Wie kann man so etwas nicht fühlen?"

Wenn zuweilen ein Lebenskreis unvorhergesehen von einem katastrophalen Ereignis überrascht wird, dann greift man sich an den Kopf und sagt: Wie konnte ich das überhören, nicht fühlen? Oder: Wie konnte jener andere Mensch, der dort in der Nähe war, so blind und taub sein? Das alles greift so in das Zeitgeschehen hinein, daß unsere inneren Sinne schwinden; es mahnt uns aber zugleich, sie für den anderen von Gott „erquicken", also neu beleben, neu stärken zu lassen. Auch die Kräfte der äußeren Sinne müssen nach einer Zeit großer Erschöpfung schließlich neu gestärkt werden.

Im Gegensatz zu den äußeren Ereignissen, die uns meist unvorbereitet treffen, geschieht in den geistigen Beziehungen nichts ohne unseren Willen. Es liegt nicht an unserem Laufen, obwohl Gott andererseits unsere Bereitschaft will. Gott zwingt uns seine edlen Gaben nicht auf. Wir dürfen und wir müssen uns danach ausstrecken, danach suchen, darüber treu sein. Hier gilt jenes zentrale Tersteegenwort: „Kreatur ängstet nur." Demnach verursacht das Kreatürliche nicht allein eine psychologisch bedingte Angst, sondern außerdem das Schwinden der Sinne sowohl für die geistige Welt wie auch für den anderen. Erst wenn wir uns in den überkreatürlichen Lebenszusammenhang hineinnehmen lassen, erfolgt jene Erquickung, von der Tersteegen spricht.

Vielleicht kann dies am Bild der Signale ein wenig veranschaulicht werden. Auf allen Reisen kommen wir ja an Signalen vorbei: auf der Schiene, der Straße, dem Wasser, überall. Daß es von dem lateinischen Wort „signum" noch eine große Fülle anderer Ableitungen gibt, sei hier nur am Rande erwähnt. Welch ein Bogen spannt sich von dem Wort „Segen" zu dem Wort „Signal"! Es soll uns mehr als nur ein Wortspiel sein, wenn wir sagen: Segnen darf uns ein Signal, und ein Signal darf uns zum Segen werden.

Zweifellos sind in unser aller Leben Signale vorhanden, aber wie oft kann es geschehen, daß wir sie nicht beachten! Auch die Lebensumstände anderer Menschen übermitteln uns Signale, vielleicht unaufdringliche und unscheinbare, aber eben doch Signale, womöglich sind es sogar Notsignale, ja SOS-Rufe. Sie können sich ohne weiteres in ein Wort oder in einen Blick, in einen Händedruck oder in sonst eine Gebärde kleiden – wer vermag die Zeichensprache vollkommen zu erlernen, die zwischen Menschen vorhanden ist!

Ein Eisenbahnbeamter muß einen Blick für die Signale haben; er wird geschult in der Aufmerksamkeit, in der Konzentration, im Erfassen der Signale auf weiten Strecken.

Obwohl wir dies nicht ohne weiteres übertragen können, dürfen wir uns doch erbitten, daß wir die entscheidenden Signale, die Vorsignale, die Lichtsignale, die Lautsignale, in unserem Leben nicht übersehen und überfahren, und auch, daß wir die Signale anderer nicht übersehen, überhören, gefühlsmäßig übergehen, ohne sie allerdings fälschlich hervorzurufen.

Letztlich sind ja alle unsere Gebärden und Worte nichts anderes als Signale. In diesem Zusammenhang wollen wir auch die anderen Signale nicht vergessen, für die wir keinen Namen haben und von denen wir höchstens sagen können, daß sie ein tröstliches Gegenbild jener Notsignale sind. Elisabeth Heeren hat für diese anderen Signale die folgenden Worte gefunden:

„Schenk mir einen deiner lieben Blicke!
Weißt du nicht, daß mir sein warmer Schein
ganz das Herz erfüllt? daß eine Brücke
sich erbaut von dir zu meinem Sein?

Alles, was mir wird von deiner Seite,
sei's ein Händedruck, ein liebes Wort,
wird Erlebnis, das ich sorglich leite
zu den Schätzen in der Seele Hort."

34. Hilfe für den Helfenden!

Immer wieder stehen wir vor der furchtbaren Wirklichkeit, daß der helfende Mensch auch der am meisten bedrohte Mensch ist. Zuweilen können wir sogar sagen: Der helfende Mensch ist der untergehende Mensch. Der Helfende ist in einer Hinsicht deshalb auch der am meisten Hilfsbedürftige.

Wenn durch unsere evangelischen Kirchen der Ruf nach

dem Seelsorger an Seelsorgern geht, wird dieses Problem angedeutet. Die katholische Kirche hat diesen Zusammenhang immer viel klarer erfaßt. Für sie ist es selbstverständlich, daß gerade der Seelsorger eines Beichtvaters bedarf. Selbst der Papst hat seinen Beichtvater. Zu den Nöten innerhalb der evangelischen Kirche gehört es dagegen, daß besonders der Mensch, dem das Helfen aufgetragen ist, in der Tiefe allein gelassen wird. Dies heißt aber zugleich, daß er nicht in der richtigen Weise allein gelassen und in die Gemeinschaft aufgenommen ist.

Je mehr ein Mensch Hilfe ausstrahlt, um so stärker wird er in irgendeiner Weise einsam. Dies scheint allerdings der Wirklichkeit zu widersprechen. Vielmehr sollte man denken, daß der Helfende umgeben ist von Dankbarkeit, von Liebe, von gleichsam zurückstrahlenden Kräften der Güte. Das ist zwar der Fall, aber nur die *eine* Seite der Sache. Der helfende Mensch hat gleichzeitig Not, Angriffe aus der Tiefe, Lebensangst und Lasten zu ertragen, die er vielleicht selbst nicht recht kennt, die ihn aber irgendwie hemmen. Diese Dinge können bis zur Schwermut oder zu einem plötzlichen Versagen führen.

Wenn Menschen in solcher Lage sind oder fühlen, daß eine derartige Bedrohung kommt, überfällt sie manchmal der zunächst absonderlich erscheinende Wunsch nach einer neuen Kraftausrüstung, nach einer besonderen Segnung. Anschließend aber kann es möglich sein, daß die Einsamkeit doppelt bitter zu spüren ist, weil sich so selten jemand findet, der ausgerüstet, fähig und bereit ist – dem Helfenden zu helfen.

In katholischen Kirchen liest man zuweilen die Mahnung: „Betet für die Priester!“ Wir dürfen sagen: Betet für alle Helfenden!

35. Das Bild des himmlischen Menschen

Am Schluß unserer Erwägungen, die nur einige Hinweise auf uns alle bedrängende Fragen geben wollten, sollen die Worte Tersteegens stehen:

„Sollt' wo ein Schwacher fallen,
so greif' der Stärk're zu;
man trag', man helfe allen,
man pflanze Lieb' und Ruh!"

Wer ist der Schwache? Wer ist der Stärkere? Beides ist bald der, bald jener. Wir werden hier erinnert an die große Gegenseitigkeit gerade im Dienst der Hilfe von Mensch zu Mensch. Damit aber ist auch die dankbare Freude darüber gegeben, daß in allem Helfen, mag es noch so schwach und fehlerhaft sein, mag es noch so lange auf Frucht warten lassen und unsere Geduld auf die Probe stellen, nicht nur Kräfte verbraucht, sondern insgeheim auch Kräfte wieder erstattet, ersetzt, neu belebt werden.

Von den Worten über das Tragen und Helfen geht Tersteegen über zu der Mahnung: „man pflanze Lieb' und Ruh!" Der Mann, dem „der Weg" so bedeutungsvoll geworden ist und der selbst so manche Wege zurückgelegt hat durch Gottes schöne Welt, kehrt hier mit seinen Gedanken ein bei der Welt der Pflanzen. Es ist die Welt, die ja auch im Neuen Testament von so großer Gleichnisbedeutung ist. Sie umschließt alles das, was mit Saat und Ernte, mit Keimen und Frucht, mit Wachstum und Reifen umschrieben ist. Paulus wendet dieses Gleichnis selbst da noch an, wo er an den Zusammenhang denkt, der zwischen der gegenwärtigen und der Auferstehungsgewalt besteht. „Es wird gesät – es wird auferstehen" (1. Kor. 15,42.43).

An der Stelle, wo Paulus jenes Gleichnis von Saat und Ernte im Blick auf die Auferstehung gebraucht, geht er bezeichnenderweise über zu der Verkündigung vom himmlischen Bild: „Wie wir getragen haben das Bild des irdischen Menschen, so werden wir auch tragen das Bild des himmlischen Menschen“ (1. Kor. 15,49).

Dies ist die Krönung, die uns widerfährt und von der wir erst alle Kraft nehmen zum Helfen und Bergen in dem Dienst, der uns aufgetragen ist. Alles Versehrtsein des Menschenbildes in uns oder anderen wird hier zurechtgebracht. Da leuchtet das unversehrte, ja – um es mit dem Dichter zu sagen – das „unverstellte“ Menschenbild in erneutem ewigen Glanz: „So werden wir auch tragen das Bild des himmlischen Menschen.“

Weitere Bücher von Erich Schick

Seelsorge an der eigenen Seele

Geistliche Lebensregeln zur inneren Ordnung
120 Seiten. ABCteam-Taschenbuch 3011

Wer Seelsorger sein will, muß zuerst für seine eigene Seele sorgen! Das ist kein Selbstzweck, sondern wichtige Voraussetzung, um anderen Menschen zu helfen:
Nur wer den Sünden durch den Glauben widersteht und sich nicht von ihnen anstecken läßt, wird Menschen aus dem Kreislauf des Bösen befreien.
Darum ist es wichtig, sich von Erich Schick auf die geistlichen Lebensregeln zur inneren Ordnung hinweisen zu lassen. Dies gelingt ihm mit großem Feingefühl, das er in jahrelanger Seelsorgepraxis erworben hat. Die „geistlichen Lebensregeln" klären die Probleme des eigenen Lebens und öffnen den Blick für die Seelsorge an anderen Menschen.

Vom Segnen

64 Seiten. ABCteam 77. Paperback

Auf sehr anschauliche und praktische Weise schließt Erich Schick die Geheimnisse des Segnens auf: Vom Ursprung der Segenskraft – Hindernisse des Segnens – Der segnende Blick – Die segnende Hand – Das segnende Wort – Die segnende Tat – Das segnende Sein – Das segnende Beten.
„Vom Segnen" ist leicht verständlich geschrieben, so daß jeder in jedem Alter verstehen kann, worauf es ankommt.

BRUNNEN VERLAG · GIESSEN/BASEL